新上皇と新皇后のスピリチュアルメッセージ

皇室の本質と未来への選択

RYUHO OKAWA
大川隆法

まえがき

国民の知る権利に奉仕する目的で本書を出版することとした。

古来より帝王学のテキストとしては、『書経《しょきょう》』と『貞観政要《じょうがんせいよう》』の二冊が挙《あ》げられる。歴代天皇や将軍たちも学んだリーダー学である。

『書経』には、「牝鶏《ひんけい》は晨《あした》することなし。牝鶏の晨するは、これ家の索《つ》くるなり」とある。コケコッコーと鳴いて朝を告げるのは雌鶏《めんどり》の役割ではない。雌鶏が朝を告げるようになるのは、家を滅ぼす元《もと》である、という意味だ。

唐王朝の二代目太宗李世民《たいそうりせいみん》（在位六二六～六四九年）にまつわる『貞観政要』中、太宗が名君たりえた陰に長孫《ちょうそん》皇后の「内助《ないじょ》の功《こう》」があった例としても挙げられている。
同じく、『貞観政要』には、「君は舟なり、人は水なり。水はよく舟を載《の》せ、またよく舟を覆《くつがえ》す」ともある。『荀子《じゅんし》』王制篇よりの援用《えんよう》である。あえて解説はしない。「令和」の時代に通用するかどうかも明言は避けることとする。

二〇一九年（令和元年）　五月七日

幸福《こうふく》の科学《かがく》グループ創始者兼総裁《そうししゃけんそうさい》　大川隆法《おおかわりゅうほう》

新上皇と新皇后のスピリチュアルメッセージ　目次

まえがき　3

第1章　新上皇のスピリチュアルメッセージ

二〇一九年五月一日　収録
東京都・幸福の科学総合本部にて

ご本人たちの守護霊の「言いたい」というお気持ち　25
皇室の方々に、「言いたいこと」を語っていただく　27
新上皇の「人間としての本心」に迫《せま》ってみたい　28

2　平成の時代を振《ふ》り返って　31

平成の時代は、「重かった」　31
令和《れいわ》の時代において、いちばん危惧《きぐ》されること　34

3　上皇としてのお役目について　38

「生前退位で、初めて自分の意志表示ができた」　38
「第二の『天皇の人間宣言』と言われたら、そのとおり」　42

4 二重権威《けんい》問題について 46
「『二重の権威』になるかどうかは、発言の中身による」 46
上皇ができて「二重権力」になるなら、幸福の科学は「三重権力」 51
5 皇室の未来について 54
上皇である間に決めたい「あとの皇室の流れ」 54
皇位継承者《けいしょうしゃ》は三人いるが、「暗殺やテロもありえる」 56
6 新天皇・新皇后をどうご覧になっているのか 60
女系天皇の流れには、「上皇の意向」を示すこともありえる 60

「新天皇」「新皇后」「秋篠宮《あきしののみや》」の間で争いが起きる？　64
いちばんの心配は、「新天皇が皇后に操《あやつ》られる」という事態　65
後継者問題に関する「秋篠宮のご本心」　68

7　伝統と時代性との兼《か》ね合いについて　71

平安より前の時代なら、「戦《いくさ》が起きる場面」　71
女系天皇をどうお考えか　73
「日本の未来が間違《まちが》いのないように、導いてほしい」　76
「退位の奉告《ほうこく》をしたが、天照大神《あまてらすおおみかみ》様は出てこられなかった」　80

8　上皇の守護霊が述べられた憂慮《ゆうりょ》、生前退位の三つの真意　84

第2章　新皇后のスピリチュアルメッセージ

二〇一九年五月一日　収録
東京都・幸福の科学総合本部にて

1　「結婚《けっこん》のときのお約束」について　89
皇后雅子《まさこ》さまの守護霊を招霊《しょうれい》する　89
「令和の時代」をどのようにされたいか　90
「『国民統合の象徴《しょうちょう》』は、ある意味での美辞麗句《びじれいく》」　96

2 天皇と皇室について 99

天皇のお仕事について、「日本国憲法に矛盾《むじゅん》がある」 99

「天皇は御神事《ごしんじ》において、天照大神と相対峙《あいたいじ》できなければならない」 101

欧米《おうべい》の学問の立場では「皇室の伝統行事は、民俗学《みんぞくがく》に属する内容」 103

カント以降の近代、「信仰《しんこう》」は過去の遺物《いぶつ》 105

3 皇位継承についてのお考え 108

「男女は平等」「日本の後《おく》れた風習は改めるべき」 108

「皇室典範《てんぱん》の改正をさせます」 112

皇位継承の考え方に「能力を入れるのは当然」 113

「私は実力主義で皇太子妃《ひ》に選ばれた」 115

4 天皇のお立場について　118

「天皇を元首に戻《もど》すのが私の仕事です」　118
「実質上の権限がなかったら、天皇制の意味がないのと同じ」　122
トランプ大統領との会見は、「日本の皇室における戦い」　124
「最高の知性の私《わたくし》が、徳のある天皇に仕上げなければならない」　125

5 過去世《かこぜ》について　129

過去世は、中国唯一《ゆいいつ》の女性皇帝《こうてい》　129
「仕事において、男性より劣《おと》ると思ったことは一度もない」　137

6　天皇の権威についてのお考え　140

皇室改革の二つの方法　140
天皇の権力を「昭和天皇のレベルまで戻したい」　144
開戦も終戦も「天皇の決意だった」　147
「天照大神のＤＮＡは、地上に伝わってない」　150
愛子《あいこ》さまへの継承について「九十九パーセントの確信」と、「残る一パーセント」とは何か　155

7　今後の日本をどのようにしていきたいか　159

過去、日本にお生まれになったご経験は　159
「アングロサクソンの進んだ部分を、文化的に入れたい」　162

「宮内庁《くないちょう》の古いカルチャーは、そうとう改善しないといけない」 164
「私たちは『紙でつくったひな人形』。神々の宿《やど》り木《ぎ》にはならない」 168

8 新皇后の守護霊インタビューを終えて 171

雅子さまの心身不調の本当の原因とは 171
「何をもって上とするか」が分からないのが今の日本の文化 173
女性として仕事の成功を目指すのも、そう簡単な道ではない 176
日本文化について、「まだお悟《さと》りになっていない部分」 178

あとがき 182

「霊言現象《れいげんげんしょう》」とは、あの世の霊存在の言葉を語り下ろす現象のことをいう。これは高度な悟《さと》りを開いた者に特有のものであり、「霊媒現象《れいばいげんしょう》」（トランス状態になって意識を失い、霊が一方的にしゃべる現象）とは異なる。

また、人間の魂《たましい》は原則として六人のグループからなり、あの世に残っている「魂のきょうだい」の一人が守護霊《しゅごれい》を務めている。つまり、守護霊は、実は自分自身の魂の一部である。したがって、「守護霊の霊言」とは、いわば本人の潜在《せんざい》意識にアクセスしたものであり、その内容は、その人が潜在意識で考えていること（本心）と考えてよい。

なお、「霊言」は、あくまでも霊人《れいじん》の意見であり、幸福の科学グループとしての見解と矛盾《むじゅん》する内容を含《ふく》む場合がある点、付記しておきたい。

第1章　新上皇のスピリチュアルメッセージ

二〇一九年五月一日　収録

東京都・幸福の科学総合本部にて

上皇明仁《あきひと》（一九三三〜）

第百二十五代天皇。昭和天皇の第一皇子《おうじ》。一九八九年（昭和六十四年）、昭和天皇の崩御《ほうぎょ》を受け、皇位を継承《けいしょう》する。二〇一九年（平成三十一年）に天皇を退位し、上皇となる。

質問者　※質問順

本地川瑞祥《もとちかわずいしょう》（幸福の科学専務理事 兼《けん》 エル・カンターレ信仰《しんこう》伝道局長）

綾織次郎《あやおりじろう》（幸福の科学常務理事 兼 総合誌編集局長 兼「ザ・リバティ」編集長
兼 HSU〔ハッピー・サイエンス・ユニバーシティ〕講師）

斎藤哲秀《さいとうてつしゅう》（幸福の科学編集系統括《とうかつ》担当専務理事 兼 HSU未来創造学部
芸能・クリエーターコースソフト開発担当顧問《こもん》）

［役職は収録時点のもの］

1　新元号を迎《むか》えて、ご本心を伺《うかが》う

新上皇と新皇后の守護霊《しゅごれい》が意見を述べに来られた

大川隆法　今日は、元号が変わりまして、令和《れいわ》元年（二〇一九年）の最初の日、五月一日です。

朝食のときに、たまたまテレビをつけたら、やはり、新天皇の即位《そくい》に関連するニュースが流れていました。昨日《きのう》は、前天皇の退位に関するニュースが多かったと思います。今、日本列島は、これ一色に包まれているように感じられます。

そうしたなかで、「何か（霊《れい》が）来たかな」と感じ、いつものように幸福の科学内部の生霊《いきりょう》かと思ったのですが、訊《き》いてみると、皇室関係ということでした。

来られたのは、新上皇になられました明仁《あきひと》さまの守護霊《しゅごれい》と、新皇后になられました雅子《まさこ》さまの守護霊のお二方でした。上皇后の美智子《みちこ》さまと新天皇の徳仁《なるひと》さまは、フォーマルに伝えていること以外のご意見をお持ちではないようですが、このお二方（新上皇と新皇后）の守護霊は、「意見がある」とのことでした。

「退位礼正殿《せいでん》の儀」に臨まれる天皇、皇后両陛下（4月30日、皇居・宮殿「松の間」）。

皇室関係の霊言《れいげん》はマスコミからタブー視される

大川隆法　そのあと、「霊言《れいげん》を録《と》るか、録らないか」ということで、三時間ほど、すったもんだしていました。

皇室関係の霊言を本として出しても、大手新聞社の新聞に広告が載《の》ることはありませんし、だいたいタブー視されるので、虚《むな》しい部分もあります。過去にも出したのですが、虚しい部分

「即位後朝見《ちょうけん》の儀」に臨まれる新天皇、新皇后両陛下（5月1日、皇居・宮殿「松の間」）。

もあるので、「どうかな」という思いもあるのです。

また、皇室が今抱《かか》えている内部の問題にも触《ふ》れてしまうことになりかねないので、「距離《きょり》を取ったほうがよい」という意見も多く、特に九次元霊にそういう意見が多かったため、「やめるべきかな」とも思ったのです。

前天皇や新しい皇后に関する本も過去に出してはいるのですが、そのときも、マスコミは一切《いっさい》無視をしていたので、今回も無視されて、本が出るだけになるかもしれませんし、何かタブーに触れて、「幸福の科学は、けしからん」と言われるかもしれません。やや微妙《びみょう》なあたりではあります。

●過去にも出した……　（左から）『今上天皇・元首の本心 守護霊メッセージ』『守護霊インタビュー 皇太子殿下《でんか》に次期天皇の自覚を問う』『皇室の未来を祈って―皇太子妃・雅子さまの守護霊インタビュー―』『皇室の新しい風 おそれながら、「佳子《かこ》さまリーディング」』（いずれも幸福の科学出版刊）参照。

ただ、「国民の知る権利に奉仕《ほうし》する」という意味では、「自由にものを言えない皇室の方々で、特にキーマンになる方々のご本心を、少しなりとも、忖度《そんたく》ではないかたちでお伝えすることができれば、国民の利益になるのではないか」という気持ちは持っています。

現・日本国憲法には、「天皇又《また》は摂政及《せっしょうおよ》び国務大臣、国会議員、裁判官その他の公務員は、この憲法を尊重し擁護《ようご》する義務を負《お》ふ。」ということが後ろのほう（第九十九条）に書かれています。しかし、実際には、皇室問題に関しては、憲法で保障されている「言論・出版の自由」「表現の自由」等には、かなりの制約がかかっているものと思われます。

皇室関係の霊言の本を出した場合には、大手新聞には広告が載らないので、憲法では、そのように「尊重し擁護する義務を負う」と言われつつも、やはり、

●九次元霊　人霊として最高度に発達した九次元宇宙界にいる高級神霊。地球系霊団においては、釈尊《しゃくそん》、イエス・キリスト、孔子、マヌ、マイトレーヤー、ニュートン、ゼウス、ゾロアスター、モーセ、エンリルの十体の霊が存在する。『太陽の法』『永遠の法』（共に幸福の科学出版刊）等参照。

「皇室は、憲法の制約の外側にある、超《ちょう》法規的存在である」という考えが一つあるのだと思います。

もう一つとしては、「マスコミ関係者が変なものを載せた場合、皇室への出入《でい》りが禁止になって、取材に制限がかかる」という、純粋《じゅんすい》にこの世的な理由により、「かかわらない。かかわりたくない」ということもあるかもしれません。

（皇室関係の霊言がマスコミからタブー視されるのは）そのあたりがいろいろ相《あい》まってのことであろうと思います。

そういう意味では、新上皇と新皇后の守護霊霊言を録って、幸福の科学の会員にお伝えすることはできても、当会の外にいる一般《いっぱん》の方々がこれをお読みになることは、少ししかないであろうと思います。また、マスコミ関係者は少しは読むでしょうが、おそらく、記事などで触れることはないであろうと思います。

ご本人たちの守護霊の「言いたい」というお気持ち

大川隆法　ただ、「この国の未来、あるいは、令和という時代の将来について、どう考えるか」というニーズ自体は、幸福の科学に対して、いろいろな方面から来ているのではないかと思います。

今回の収録について、上段階霊はあまり乗り気ではなかったのですが、ご本人（守護霊）たちからは、「言いたい」という気持ちが来ています。

また、上段階霊ではありませんが、当会とよくかかわっている霊人《れいじん》たちからは、「逃《に》げたら、幸福の科学らしくないじゃないか。こういうものから逃げないのが幸福の科学でしょう?」「今までタブー破りを平気でやってきたんじゃないのか。その期待を裏切ることになる」「もうすでに（皇室関係の霊言の）本も出ているのに、今さら何を怖《こわ》がる必要があるか」というような意見もあります。

まあ、そういうこともあるかなと思います。確かに、そういうことはたくさんやってきました。もっと〝怖い人〟への批判もしているし、核《かく》ミサイルを持っている人への批判までしているので、どちらが怖いか分からないところもあるかもしれません。

皇室の方々に、「言いたいこと」を語っていただく

大川隆法　今日の収録は、別に、批判が目的ではなく、「意見がある」とおっしゃっている方のお話をお聴《き》きできればと考えています。

要するに、法律上の制約やお付きの方による制約もあって、役人が書いた文章以外を読ませてもらえない皇室の方々のなかで、「言いたいことが本当はありなのではないか」と思う方に、その本心を語っていただこうということです。

特に、新上皇と新皇后のお二人の守護霊には意見がおありのようですので、幸福の科学の職員のなかでも特別に〝上品《じょうひん》な〟三人を選んで、質問をしていた

だこうかと思っています。

別の言い方としては、「クビになってもいい人に質問してもらってください」と言ったのですが（笑）、まあ、質問した人がクビになることもなかろうと思いますし、結局、大川隆法一人の責任になりますので、〝能天気〟にやったほうが気楽かもしれませんね。

新上皇の「人間としての本心」に迫《せま》ってみたい

大川隆法　こうした、この世的には地位のある方々でも、人間ですので、「人間としての本心」はあるでしょう。これを言わずに一生を生きるというのは、かなりつらいことではありましょうから、もしかしたら、愚痴《ぐち》に近いものも出てくるかもしれません。それも、ある程度理解した上で行いたいと思います。自分たちの扱《あつか》いについて、何らかの改善をしてほしいという「要望」のようなものも出てくるかもしれないので、その意味では、全部は受け入れられないとしても、一部は、もしかすると、今後の皇室に関する改善点の「提案」になる可能性もあると思います。

あるいは、「新天皇体制になってから、何かが変わるかどうか」を、多少なりとも伺《うかが》うことはできるのではないかと思います。

あまり長く前置きを語ることは無駄《むだ》でしょう。普段《ふだん》は、貝のごとく口を閉《と》じて話せない方々、あるいは、役人が書いたもの以外は読み上げられない方々の本心に、頑張《がんば》って迫《せま》っていただきたいと思います。（本になったときに）〝伏《ふ》せ字〟だらけになるかどうかは分かりませんが、それは当会の判断になります。

たとえ、政治家や、あるいは皇室、マスコミ関係者等の千人ぐらいが読むだけだとしても、何らかの影響《えいきょう》はあるかもしれません。「未来を事前に知る」ということは、大事なことではあるでしょう。

そういうことで、公開霊言をしてみたいと思いますので、よろしくお願いします。

それでは、令和元年の初日において、昨日《さくじつ》、引退の儀式《ぎしき》をなされました上皇明仁さまの守護霊霊言を賜《たまわ》りたいと思います。

上皇明仁さま、ご退位なされて、重荷から解放された最初の日に、われらを通して、国民にお伝えしたいことがありましたら、どうかよろしくお願いします。

（約十秒間の沈黙《ちんもく》）

2 平成の時代を振《ふ》り返って

平成の時代は、「重かった」

本地川　ありがとうございます。上皇明仁さまの守護霊様でいらっしゃいますでしょうか。

上皇守護霊　うーん。うん、そういうことになるかな。

本地川　本日は、幸福の科学の総合本部にお越《こ》しいただきまして、まことにありがとうございます。

上皇守護霊　うーん、手間をかけるな。

本地川　昨日《さくじつ》、平成の御代《みよ》が終わりまして、ご退位に当たり、国民にも、いろいろとありがたいお言葉を賜《たまわ》りましたことを、心より感謝申し上げます。

上皇守護霊　うん。

本地川　また、三十年余りに及《およ》ぶ平成の御代におきまして、ここ日本国の繁栄《はんえい》と平和に向けてご尽力《じんりょく》なされましたことにも、重ねて御礼《おんれい》申し上げます。本当に、ありがとうございます。

上皇守護霊　うん。うん。

本地川　本日より、新しい「令和の時代」が始まりましたけれども、「平成の時代」を振《ふ》り返られまして、どのようなお気持ちでいらっしゃるのか、そのご本心を一端《いったん》なりともお伺《うかが》いできましたら幸いでございます。

上皇守護霊　（約五秒間の沈黙《ちんもく》）うーん。重かったな、うん。

ふうー（ため息）。やや天災が多く、経済的にも、国民が苦しむことも多く、唯一《ゆいいつ》、誇《ほこ》れるものは、「平成の世では、日本は戦争に巻き込《こ》まれることはなかった」ということのみかな。うん。

本地川　ありがとうございます。

令和の時代において、いちばん危惧《きぐ》されること

本地川　そういうことを踏《ふ》まえまして、今後の「令和の時代」に向けて、今のお気持ちがございましたら、一言《ひとこと》、お伺いできれば幸いでございます。

上皇守護霊　うーん……。苦労するだろうな、と思うよ。うん。

ああ……、私が重荷から逃《のが》れたいぐらいだから。今の新天皇は、まあ、やる気は出しておられるが、苦労はされるだろう。

綾織　特に、どういった点が気がかりでいらっしゃるのでしょうか。

上皇守護霊　私も、あの手この手を使って、自分の本心を打診《だしん》はしたがな。まあ、安倍《あべ》総理は、言うことはきいてくれんからね。

だから、自分（安倍総理）より年下の天皇になると、もっと軽く扱《あつか》われるのではないかということが、いちばん危惧《きぐ》されることではある。

綾織　●前回（二〇一六年七月二十日）、上皇様の守護霊様の霊言《れいげん》を賜りました

●前回（二〇一六年七月二十日）、上皇様の……　『今上天皇の「生前退位」報道の真意を探《さぐ》る』（幸福の科学出版刊）参照。

ときには、ご自身の代《だい》においては、戦争の事態を見たくないというようなお話をされました。

上皇守護霊　自分はな、子供時代に見たからな、うん。

綾織　はい。

上皇守護霊　「もう、結構だ」とは思っている。

綾織　はい。そうした面での、新天皇陛下《へいか》のご苦労というものを思われているということでしょうか。

上皇守護霊　うーん。だから……、今の政権は、戦争をしたがっとるからな。

3　上皇としてのお役目について

「生前退位で、初めて自分の意志表示ができた」

綾織　少し全体的なお話になりますが、世の中の関心といたしまして、お伺《うかが》いしたいことがございます。

上皇になられて、今後、どのような活動をされていくのかというところは、国民的にも関心がある部分だと思います。

上皇守護霊　うん。

綾織　その点につきましては、今の時点で、どのようにお考えになっていますでしょうか。

上皇守護霊　まあ、「初めて自分の意志表示ができた」っていうことかな。

綾織　はい。

上皇守護霊　うん。初めてな。

だから、君たちには理解はできんであろうが、新憲法下は、敗戦のなかでの憲法で、皇室は生かされている「籠《かご》のなかの鳥」だからね。籠から出たくても、出ることは許されないことで、ときどき、飼い主が窓を開けて餌《えさ》と水を入れてくる。また閉める。この繰《く》り返しだからな。

まあ、一つぐらいは、自分の自由意志でやれることがあればいいなと、一生願い続けてはいたがな。うーん。

綾織　今回は、退位をされるというかたちで、一つ、自由意志を示されたわけですが……。

上皇守護霊　日本国憲法には、天皇の生前退位についての記述は、ご存じのとおり、ない。だから、憲法に規定がないことを、自分の発言によって、押《お》し切ってやったわけだから。

綾織　はい。

上皇守護霊　三年も前に言って、やっと引退ではあるけれどもね。三年前に発表する前の抵抗《ていこう》も、そうとう強いものはあったがな。

綾織　はい。

上皇守護霊　一つぐらいは、自分の意志を通してみたいものはあったので。

「第二の『天皇の人間宣言』と言われたら、そのとおり」

上皇守護霊　まあ、上皇になって、あと何ができるかというようなことは、これはまったく規定のないことであるから、自分がどうするかを、これからは決めていかねばならんと思ってはおるがな。

新天皇が仕事をしにくくならないようにだけは、気をつけようとは思っているが、今の昭和憲法には、上皇の機能について何も規定はないので、これから私が、もし発言したり行動したりすることがあれば、それが「慣習法」になるであろうな。

綾織　「畏《おそ》れながら」というかたちになりますが、今後、さまざまな発言もされるかもしれないということでしょうか。

上皇守護霊　公人《こうじん》度がどの程度で……、やはり、私人《しじん》にはなれないのであろうけれども、「引退後の人としての発言」として、どの程度が許されるかということだな。

私たちには手本はないが、例えば、侍従長《じじゅうちょう》なら、現職の間には絶対に言えないことはあるが、引退したあとには、いろんな取材に応じてしゃべっていることもあるわな。まあ、それにも内容に限度はあると思うが、自分で考えて、「このくらいまでは言っていいと思うこと」と、「言うべきでないこと」とを判断して、侍従長も言ってはおるわな。

そういうふうに、言っていいか悪いかの判断は、自分の「自由意志」に委《ゆだ》ねられるところが今後はあるということであるから、第二の「天皇の人間宣言」と言われたら、そのとおりだと思う。

綾織　「一人の人間として発言される場合が出てくる」ということでしょうか。

上皇守護霊　まあ、昭和天皇の「人間宣言」によって、天皇は神から人間に降ろされたんでね。

綾織　はい。

上皇守護霊　だから、私も人間ではあるが、天皇である間は、人間であっても人間ではない扱《あつか》いを受けているのでな。「国民ではあるのかもしれない」と思いつつも、国民ではないかのような扱いも受けてきた。

綾織　はい。

上皇守護霊　税金も払《はら》っているから、国民のような気もするが、投票権はないし、名字《みょうじ》もない。あえて言えば、名字は、「日本」か「大和《やまと》」しかないと思うが、下の名前しかない。こんな日本人は、ほかには存在しない。

4　二重権威《けんい》問題について

「『二重の権威』になるかどうかは、発言の中身による」

綾織　上皇様は、国民から非常に広く慕《した》われ、尊敬されてまいりました。これも畏《おそ》れながらになるのですけれども、そうした方が、今後、いろいろなご発言をされるということになりますと、またそこに、私たち国民の一定の敬意というものが集まる部分もあるかと思います。

上皇守護霊　うん。

綾織　その際に、「二重の権威《けんい》」というようなことも、さまざまなマスコミ等の議論のなかでは出ております。その点について、もし、何かお考えがありましたら、教えていただければと思います。

上皇守護霊　まあ、そんなものは、制度的なるものではないだろう。おそらくは、中身によることであろうから。

例えば、発言をするにしても、中身に影響度《えいきょう》があれば、それは、そういうことになるし、中身に影響度がなければ、ただの「老人の繰《く》り言《ごと》」にしかすぎないだろうな、うーん。

斎藤　このたびの譲位《じょうい》、「生前退位」は、歴史的に見ますと二百年ぶりのことであり、われわれ国民も、そうした機会を得たのは初めてであると思われます。

そういう意味では、今、質問者の綾織のほうからもございましたけれども、上皇様と新天皇との「権威の二重性」が生じるのではないかと思われるわけでございます。

それについて、今、「中身による」とおっしゃいましたが、例えば、上皇様のご発言のなかの「大きな方針」や「考え方」「受け止め方」等が、新天皇のお考えと微妙《びみょう》に異なっていたり、違《ちが》った角度からの発想であったりした場合、われわれ国民は、どのように理解し、受け止めればよろしいのでしょうか。ヒントがあればお教えください。

上皇守護霊　新天皇は、「憲法」と「法律」の制約下にあるわな。

上皇は新しくできたものであるから、基本的な事前の制約はないわね。だから、やったことに具合の悪いことが出れば、いろいろとつくられてくる。

要するに、また、「囲い」がつくられ始めることになるだろうけどな。「囲い」や「柵《さく》」がつくられていくだろう。法律をいっぱいつくり始めるだろうから。「こういうことを述べてはならない」とか、ハハハッ（笑）、つくることになるだろうが、その新しい「囲い」をつくられるまでの間は、少しは発言をすることが可能かと思う。

まあ、法律をつくるには、ちょっと時間がかかるでな。数年ぐらいは発言していって、「法律で取り締《し》まろう」と、やつらがし始めたころには、あの世に還《かえ》っとるから、まあ、よいのではないかと思うが、どうかな？

綾織　ぜひ、ご長寿《ちょうじゅ》を願っております。

上皇守護霊　いやいや、税金がかかるから、長寿は要《い》らん。もう、ほんの数年、少しだけ言いたいことを言って死ねれば、それでよい。

綾織　私たちも、非常に深くご尊敬申し上げておりますので。

上皇守護霊　本当かね？

上皇ができて「二重権力」になるなら、幸福の科学は「三重権力」

綾織　「本日は、上皇様の側（守護霊様）からお越《こ》しいただいた」というように理解しております。

おそらく、今後の皇室のあり方、行方《ゆくえ》について、何かおっしゃりたいことがおありなのではないかと推察をいたしております。可能な範囲《はんい》で、その点についてお言葉を頂ければと思います。

上皇守護霊　上皇ができて「二重権力」になるなら、幸福の科学は「三重権力」じゃないか。なあ？

綾織　「三重」ですか。

上皇守護霊　「三重権力」じゃないか、それはなあ。だから、君らだって法律で縛《しば》らなきゃいけないかもしれない。憲法で規定してもいいかもしれない。「新しい宗教は、天皇を脅《おびや》かしてはならない」と。な？　そこだってありえるわけだから。

綾織　はい。

上皇守護霊　君たちは……、いやあ、私だってね、意見は伝えたいがさ、肉体

（地上のご本人）は生身《なまみ》で、まだ生きておるのだよ。生きている人間が、自分の自由な発言をすることができないのだよ、この国においては。

それができない人は、皇室と、●カルロス・ゴーン以下、拘置所《こうちしょ》・刑務所《けいむしょ》に入っている人たち。

そうした人たちは、自由な発言ができない。この二種類の人間はできないことになっていて、あとの人は自由なんだ。

●カルロス・ゴーン……　カルロス・ゴーン氏は、2019年4月25日に東京拘置所から再保釈《さいほしゃく》され、現在保釈中（収録時点）。

5　皇室の未来について

上皇である間に決めたい「あとの皇室の流れ」

綾織　本日、事前に少しお聞きしたところによりますと、「新天皇陛下《へいか》、新皇后陛下の部分で、非常に気がかりなところがある」というようなことでした。

上皇守護霊　まあ、それは、「皇室の未来」については気がかりはあるわな。まだ、週刊誌が焚《た》きつけて、次の皇室内の「内紛《ないふん》の種」みたいなものの火種《ひだね》を、一生懸命《いっしょうけんめい》、煽《あお》っているところはあるわな。

だから、男子相続のところが、二人の息子《むすこ》たちの間で、どういう闘争《とうそう》になるかは分からない部分があるのでね。私が上皇でいる間に、落ち着きどころが決まればいいかなと思う。

まあ、〝その間〟ぐらいが、上皇として存在する役割かなと思う。私が死んでから（次の天皇が）即位《そくい》すると、そこは、その後、紛争が残るのではないかとは思っていたので。私が上皇でこの世にとどまっている間に、あとの皇室の流れを決めるところを、まあ、何らかの裁定をする仕事があるかなと思っているわけです。

綾織　なるほど。

皇位継承者《けいしょうしゃ》は三人いるが、「暗殺やテロもありえる」

綾織　なお、皇位継承《けいしょう》順位につきましては法律上定まっていまして、新天皇陛下のあとは、秋篠宮《あきしののみや》さまがおられ、そのあとは悠仁《ひさひと》さまがおられるわけですけれども、「ここで、何かしらの内紛的なものがある」というように、ご覧になっているということでしょうか。

上皇守護霊　秋篠宮のほうが、先に死んだ場合は?

綾織　その場合は、法律上は、悠仁さまになると思います。

上皇守護霊　最近、お茶の水女子大学附属《ふぞく》中学校に刃物《はもの》を二本置いていった男がいて、警察はやっと捕《つか》まえたようだが、もし、悠仁が成人できなかった場合はどうするんだ？

綾織　それは、ちょっと、思いもよらない事態ですけれども。

上皇守護霊　「刃物二本を机の上に置いていった」という行為《こうい》は、「暗殺できた」ということを意味しているんだろう。子供だからね。

綾織　確かに、無防備《むぼうび》な状態であったのは間違《まちが》いありません。

●お茶の水女子大学附属中学校に……　2019年4月26日、秋篠宮家の長男・悠仁さまが通われる、お茶の水女子大学附属中学校に不審な男が侵入し、悠仁さまの机に刃物が置かれていた事件。29日、犯人の男は逮捕された。悠仁さまは皇位継承順位第2位。

上皇守護霊　だから、「『工事関係者』と言って、刃物を持って入って、殺すことはできた」という意味だろう?

綾織　はい。そうした事態も、確かに十分ありうるということになります。

上皇守護霊　うん。テロもあるしな。これからは、テロもありえるので。

綾織　はい。

上皇守護霊　オリンピックとかパラリンピックとかを観戦している間に「テ

ロ」というのも、「ない」とは言えないんでね。今の時代であれば、ドローンなんかを使って攻撃《こうげき》してくることさえある時代だからね。

綾織　皇位継承順位で申しますと、第三位は常陸宮《ひたちのみや》さまで、八十三歳《さい》です。

上皇守護霊　まあ、これは厳しかろうな。

綾織　はい。となりますと、そのあとは存在しなくなります。

上皇守護霊　うん。

6　新天皇・新皇后をどうご覧になっているのか

女系天皇の流れには、「上皇の意向」を示すこともありえる

上皇守護霊　だから、おそらく、あと、新皇后（守護霊）がご意見を申されるであろうが、「違《ちが》う流れをつくろう」と考えていらっしゃるはずです（本書第2章参照）。

綾織　はい。それは、やはり、「女系天皇」ということになると思います。

●**女系天皇**　母方からのみ天皇の血を引く皇族が天皇になることで、性別は問わない。有史以来、「男系女子」の天皇は8名いるが、「女系天皇」は存在しない。現在の皇室典範《こうしつてんぱん》では「男系男子」の皇族のみが天皇になれるとしている。

上皇守護霊　うん、そう。「皇室の歴史には、女性の天皇も存在するわけだから、それでもいいじゃないか」という考え方だな。

綾織　はい。

上皇守護霊　それは、法律を変えれば、できないことはない。これに対しては、伝統的勢力からは反対もある。

それで、政府は、「女性が輝《かがや》く社会をつくろう」とおっしゃっている。「皇室だけは、なんで男系なのか。男性天皇にこだわるのか」ということには、誰《だれ》も答えられてはいないんだよ。

綾織　はい。

上皇守護霊　これは、日本の民主主義社会から隔絶《かくぜつ》され、「失われた世界」が皇居のなかに存在することを意味しているので、私たちは、過去の「失われた世界」のなかの〝恐竜《きょうりゅう》〟たちであるんだよ。

斎藤　そうしますと、上皇様の構想やお考えのなかでは、「女系の天皇」の流れというものも、容認《ようにん》していらっしゃるということですか。

上皇守護霊　だから、私が生きている間は、いろんな事件があるかもしれないので、そのときどきに判断を……、「意向」ということでね。「上皇の意向」ということが、最後の裁定になる可能性はあって、「臣下の立場にある大臣たちだけで、それを決めるのは、僭越《せんえつ》すぎるのではないかな」とは思うておるんだがな。

「私の意向」というものを酌《く》んで選ぶ場合はありえるだろうな。今回、自由意志で「退位する」ということを決め、ビデオメッセージを出して三年もかかったが、生きながらにして、病気・闘病《とうびょう》中ではない状態で退位した。

同じように、強い意志を明示すれば、その方向で法律を制定せざるをえないこともありえるだろうなとは思っておるので、寿命《じゅみょう》がある間は、そういうこともありえるかなとは思っている。

「新天皇」「新皇后」「秋篠宮《あきしののみや》」の間で争いが起きる？

綾織　そうなりますと、やはり、上皇様のご意志としては、「女系天皇という、新しいかたちを考えてもよいのではないか」というお考えなのでしょうか。

上皇守護霊　いや、両方、可能性としてはあるが、おそらくは、新天皇はニュートラル（中立）だろう。何も考えておらぬはずで、「周りが決めることだ」というふうに考えていると思う。

おそらく、新皇后は、自分の考えをはっきり持っていらっしゃるはずである。

綾織　はい。

上皇守護霊　一方、秋篠宮《あきしののみや》のほうは、皇嗣《こうし》として第一順位になってはいるけれども、「自分が兄よりも長生きをし、天皇として執務《しつむ》をして、さらに、息子《むすこ》に譲《ゆず》るようなことが望ましい」と、本人は思っているはずであるから、これは封《ほう》建《けん》時代で言うと、争いが起きるパターンではあろうな。

いちばんの心配は、「新天皇が皇后に操《あやつ》られる」という事態

綾織　これも、ややお伺《うかが》いしにくいところではあるのですが、新しく皇后陛下《へいか》になられました雅子《まさこ》さまについて、上皇様は、どのようなお気持ちを持たれて

いるのでしょうか。

上皇守護霊　うーん……。新上皇后の美智子《みちこ》が「自分の協力者になる」と思って招いた人ではあるんだけれども、長らく、皇室への不適合《ふてきごう》の病気を現していたと思うが、それは、内心の不満の現れではあろうな。

まあ、いちばん心配しているのは、「新天皇が皇后に操《あやつ》られる」という事態だな。美智子においては、そういうことはなかったが、雅子さんについては、それは、われらがいなくなったあとは、ありえることだと思っているので。

その意味で、完全に「私人」になってもいいし、死んでもよいと思ってもいるんだが、後見人がいないと、新天皇は、しばし危険であるなと思っているので、次の代《だい》が確定するまで、〝重し〟はいたほうがいいのかなと思っているし、そんな争いが起きないように、「生前退位」を決めた面もある。

斎藤　つまり、「新天皇が皇后に操られるような事態が未来予測される」という考えの下《もと》に、あるいは、そうした事態を事前に察知されて、「生前退位」をお考えになった面もあったということでしょうか。

上皇守護霊　はい。ですから、もっと端的《たんてき》に申せば、「新皇后が『愛子《あいこ》さんを次の女性天皇にしたい』と言い続けられたら、新天皇は、それを防ぐことはできないのではないかと見ている」ということです。

斎藤　なるほど。

後継者《こうけいしゃ》問題に関する「秋篠宮《あきしののみや》のご本心」

綾織　国民としては、「大きな心配事《しんぱいごと》」といいますか、「令和の時代の大きな不安な点の一つ」が、少し見えてきたところでございます。

今後、上皇様が自由意志で発言できる部分が出てくるとはいえ、その自由さは、それほど大きくはないというのが現実であると思います。

上皇守護霊　うん。

綾織　そこで、本日、今後の皇室のために、「どういう方向性が望ましいか」

ということについて、お言葉を頂ければと思いますが、いかがでしょうか。

上皇守護霊　まあ、人の寿命は、生きている人間には、なかなか分からないのでねえ、それが難しいが……。

うーん、新天皇であっても、即位《そくい》は、百二十六代天皇のなかでは二番目に年を取っているということではあるので。とすれば、令和の時代は、そう長くないことは、あらかじめ予想はされていることではあるがな。

そして、令和の時代が長ければ長いほど、次の天皇後継者《こうけいしゃ》問題は、たぶん、難しくなるであろうということだな。

こちらから、それをどうこうはできないが、秋篠宮《あきしののみや》が考えていることは、新天皇が、まあ、言葉は選ばねばならないが、昭和天皇や私のように八十以上まで生きるような天皇ではない、早世《そうせい》する天皇になってくれるか、生前退位で、早めに自分に譲ってくれるかしたほうが、すっきりと流れはゆくと考えていると思うな、おそらく。

だから、秋篠宮の本心を言えば、「五十九歳《さい》で新天皇になったが、できれば、七十ぐらいまでには生前退位していただきたい」というのが本心ではないかな。

そうすれば、自分はまだ六十代なので、天皇が十五年かそのくらいはできる可能性はあるから。残りの天皇の期間を、十五年から二十年ぐらいのところで〝綱引《つなひ》き〟して、自分もした上で、あとに続かせたいということではないのかな。

7　伝統と時代性との兼《か》ね合いについて

平安より前の時代なら、「戦《いくさ》が起きる場面」

綾織　ただ、今、おっしゃった状態ですと、新皇后陛下《へいか》と秋篠宮《あきしののみや》さまの間で考え方が二つ立っているので、〝内紛《ないふん》そのもの〟になってしまうわけですけれども……。

上皇守護霊　だから、昔の、平安より前の代《だい》であれば、現天皇に、次の皇位を狙《ねら》う兄弟がいるなら、戦《いくさ》が起きる場面だからね。これは、「壬申《じんしん》の乱」みたいになる可能性があるシチュエーションだな。

綾織　はい。

そうした状況《じょうきょう》を想定しながら、もし、お二方へのお言葉を頂くとしたら、どういうものになりますでしょうか。

上皇守護霊　ですから、もし、秋篠宮のほうが、現天皇より先に身罷《みまか》るようなことがあった場合だな。まあ、そのときは、〝いちばん危ないシチュエーション〟に、たぶんなる。

それは、愛子《あいこ》さんと男の天皇候補とが争う、激しいことになって、現職の天

●壬申の乱　672年に、皇位継承をめぐって、天智《てんじ》天皇の実弟・大海人《おおあまの》皇子と、同天皇の第一皇子・大友《おおともの》皇子との間で起こった争い。その結果、大友皇子が敗北、673年、大海人皇子は天武《てんむ》天皇として即位した。

皇・皇后のほうが、力は一般《いっぱん》には強いと思われるので、うーん……、紀子《きこ》さまだけだと、遠ざけられる可能性は高いだろうな。

そして、「女性の時代」を今、一生懸命《いっしょうけんめい》、言っているので、また余計に、男系にこだわることが〝時代遅《おく》れ〟のように言われる時代も来るであろうから、ここに、激しい戦いが起きるだろうな。

女系天皇をどうお考えか

綾織　男系・女系という点について言うと、保守系の方々は、「天皇家の伝統として男系を続けてきたがゆえに、これだけの歴史を紡《つむ》いできた」というのが基本的な考えです。「それを女系に変えること自体で、すでに皇室が断絶《だんぜつ》されれる」というような考え方もあるわけですが。

上皇守護霊　そう。婿《むこ》が来なければ断絶するし。

綾織　はい。

上皇守護霊　今、華族《かぞく》制度がなくなったために、一般人、民間から婿が入った場合、それは、この世的には才覚のあるタイプの人が入る可能性があるので、皇室の伝統は大きく破壊《はかい》されて、「この世的な能力主義」が出てくる可能性は極《きわ》めて高いわね。

だから、ここも、非常に危険な、皇室の危機を招く要素はあるわね。うん。

綾織　やはり、基本的には、「男系男子」という考え方のほうが、皇室は守られるとお考えでしょうか。

上皇守護霊　まあ、でも、その考え方が、雅子妃《まさこひ》を追い詰《つ》めた考え方で、何十年も苦しめ、病気に陥《おちい》らせた考え方であるので、それを強く言いすぎると、また不適合《ふてきごう》が起き始めるだろうね。

大昔の皇室であれば、お后《きさき》が何人かいるから代わりができるし、代わりに子供を産む人もいれば、そういう病気の皇后がいても困らないけれども、昭和天皇以降は、西洋式に考え方を変えているので、そのへんの危険度は高まってはいるね。

「日本の未来が間違《まちが》いのないように、導いてほしい」

斎藤　霊的《れいてき》な視点からの質問を一つさせていただきます。

大川隆法総裁先生が大悟《たいご》して得られた六大神通力《ろくだいじんつうりき》は、マインド・リーディングをはじめ、過去世《かこぜ》リーディング等の高次元能力ですが、それによって魂《たましい》を視《み》ると、上皇様は、かつて、仁徳《にんとく》天皇のお子様である●允《いん》恭《ぎょう》天皇として生まれていたと聞いております（『今上《きんじょう》天皇・元首の本心　守護霊メッセージ』〔幸福の科学出版刊〕参照）。

●**允恭天皇**（不詳～453）　第19代天皇。仁徳天皇の第4皇子。兄は第18代の反正《はんぜい》天皇。『日本書紀』によると、当初、天皇になることを辞退していたが、後に皇后となる忍坂大中姫命《おしさかのおおなかつひめのみこと》に懇願《こんがん》されて即位した。「盟神探湯《くかたち》」という神事によって、氏姓の乱れを正したと伝えられる。（上）允恭天皇陵《りょう》（市野山《いちのやま》古墳、大阪府藤井寺《ふじいでら》市）。

上皇守護霊　うん。

斎藤　允恭天皇は反正《はんぜい》天皇の弟様であり、そのときも、兄の崩御《ほうぎょ》に伴《ともな》う即位《そくい》をめぐって、多少の経緯《けいい》があったとも聞きます。

また、新天皇についても、リーディングによって、過去世が●安徳《あんとく》天皇であることが明かされております。

そうした霊的な観点から見たときに、新天皇や新皇后との関係等で、課題というか、テ

●安徳天皇（1178～1185）　第81代天皇。高倉《たかくら》天皇の第1皇子であり、母は平清盛の娘・建礼門院徳子《けんれいもんいんとくこ》。3歳で天皇に即位するも、源平の戦いに伴《ともな》い、平氏と共に西国へ逃れる。1185年、壇《だん》ノ浦《うら》で平氏が敗れ、安徳天皇は入水《じゅすい》、8歳の若さで崩御《ほうぎょ》した。（上）赤間神宮《あかまじんぐう》内にある安徳天皇陵（山口県下関《しものせき》市）。

ーマというものは何かおありなのでしょうか。

上皇守護霊　うーん……。分からない。

分からないが、まあ、昭和憲法下においては、皇室の位置づけがよく分からないので。

今、形式的な面だけを仕事として、実質的には、政治にはタッチしないようにとのことであり、昭和天皇もそうだし、私もそうだし、現天皇もそうだけれども、政治に関心を持たないように、できるだけ、理系的な研究ができるような方向に関心を持たせようとしているわね。

だから、「ハゼの研究」をしてみたり、あるいは、「中世の水路の研究」をしてみたり、現代の政治にかかわらないことに、できるだけ関心を向けさそうとやってはいるけれども。

天皇制の歴史から見れば、長くやれば、意欲の強い天皇が出てきた場合は政治性を帯びてくることはあるのでね。まあ、そのへんが難しいところはあるわね。

われわれは、今、非常に、「籠《かご》のなかの鳥」の状態であるので、いちばん親近感を感じるのは、上野動物園の人気者のパンダであるかな。

斎藤　はあ……。

綾織　本日は、ご本心をさまざまなかたちで教えていただきまして、ありがとうございます。また、三十年にわたりまして、国民の幸福を願い続けて、さまざまな神事、その他、お務めくださったことを、心より感謝申し上げたいと思います。

上皇守護霊　まあ、君たちは、敵か味方か知らないが、とにかく、意見を言える立場にはあるわけだから、そのへん、外護《げご》することは可能なんだろうから、よく、われわれの意図するところを酌《く》んで、日本の未来が間違《まちが》いのないように、導いていただければ幸いかなとは思っています。

「退位の奉告《ほうこく》をしたが、天照大神《あまてらすおおみかみ》様は出てこられなかった」

本地川　最後に、私のほうから、一つお伺《うかが》いしたいことがあります。

今、皇室の問題についてもいろいろお話しいただいたのですが、皇室の弥栄《いやさか》、皇室が長く続いていくことに関しまして、やはり、その大きな一つの力になっているのは、皇室自体が、天皇ご自身が、天照大神様《あまてらすおおみかみ》のご子孫《しそん》であるということかと思います。

あるいは、宗教家として、そういう行事をなされることの重みが、皇室の権威《けんい》となっていくのではないかと思うのです。

上皇様におかれましては、この点についての最近のお考えは、どういうものなのでしょうか。

最後の質問として、お伺いできれば幸いです。

上皇守護霊　まあ、「三種の神器《じんぎ》の受け渡《わた》し」のようなものはね、儀式《ぎしき》としては可能だが、昨日《さくじつ》、天照大神に退位の奉告《ほうこく》をしたが、天照様は出てこられなかった。

だから、退位の奉告をお聞きにならなかった。この意味が分かりかねているので。

本地川　そうなんですか。

上皇守護霊　この世的には奉告は、なした。ただ、その奉告を聞いてくださるはずの天照大神様は、そこにはおわさなかった。その意味が分からないため、今日、ここに来ている。

本地川　非常にお答えづらい質問をし、失礼いたしました。今日は、失礼な質問も数々あったかと思いますが、いろいろと率直《そっちょく》にお答えいただきまして、心より感謝申し上げます。

上皇守護霊　はい。

質問者一同　本当にありがとうございました。

8　上皇の守護霊が述べられた憂慮《ゆうりょ》、生前退位の三つの真意

大川隆法　（手をゆっくり二回叩《たた》く）はい。

以上が、上皇明仁さまの守護霊の言葉でした。

だいたい、「悩《なや》みのほとんどは、後継者《こうけいしゃ》問題で占《し》められている」ということでした。

それから、やはり、「安倍《あべ》総理の動きに反対する気持ちがあって、退位を言い出された」ことと、「一つぐらいは、自分の自由意志でやれることをやってみたかった」ということでした。また、「上皇としても、『重し』として、皇室

が続くかどうかを見る」という、そういう考えがあるということでしょうか。

まあ、そういうことでしたね。

第2章　新皇后のスピリチュアルメッセージ

二〇一九年五月一日　収録

東京都・幸福の科学総合本部にて

皇后雅子《まさこ》（一九六三〜）

第百二十六代天皇徳仁《なるひと》の皇后。旧名は小和田《おわだ》雅子。東京生まれ。ハーバード大学経済学部卒業後、東大法学部に学士入学をするが、いわゆる外交官試験に合格し、東大を中退して外務省に入る。一九九三年六月、皇太子徳仁親王《しんのう》と結婚《けっこん》、二〇〇一年に第一女子・愛子《あいこ》内親王を出産した。

質問者

本地川瑞祥《もとちかわずいしょう》（幸福の科学専務理事 兼《けん》 エル・カンターレ信仰《しんこう》伝道局長）

綾織次郎《あやおりじろう》（幸福の科学常務理事 兼 総合誌編集局長 兼「ザ・リバティ」編集長

兼 HSU〔ハッピー・サイエンス・ユニバーシティ〕講師）

斎藤哲秀《さいとうてっしゅう》（幸福の科学編集系統括《とうかつ》担当専務理事 兼 HSU未来創造学部

芸能・クリエーターコースソフト開発担当顧問《こもん》）

［質問順。役職は収録時点のもの］

1 「結婚《けっこん》のときのお約束」について

皇后雅子《まさこ》さまの守護霊《しゅごれい》を招霊《しょうれい》する

大川隆法　では、次に、おそらく、意見の対立点になっていると思われる新皇后の守護霊《しゅごれい》をお呼びします。

どこまでおっしゃるかは分かりませんが、外国で教育を受けられた方ですので、この日本的な形式のなかで何十年か生きられたことは、そうとう大変であったのではないかと思います。

本音が聞けるか、あるいは、本音を隠《かく》すことを新しい皇后の始まりと考えておられるか、このあたりが分かるのではないかと思います。

それでは、本日、新皇后になられました、雅子《まさこ》さまの守護霊をお呼びしまして、新しい皇室のあり方や、日本国民へのメッセージがありましたら、お願いしたいと思います。

(約十秒間の沈黙《ちんもく》)

「令和《れいわ》の時代」をどのようにされたいか

本地川　新皇后、雅子さまの守護霊でいらっしゃいますでしょうか。

雅子皇后守護霊　はい。

本地川　本日は、幸福の科学の総合本部にお越《こ》しいただきまして、まことにありがとうございます。

雅子皇后守護霊　はい。

本地川　新皇后陛下《へいか》におかれましては、今、いろいろとお気持ちがおありかと思いますけれども、新しい令和《れいわ》の元年を迎《むか》えまして、今までありました平成の御代《みよ》について、率直《そっちょく》にどのようにお考えになっていらっしゃるのか、そこから、ご本心の一端《いったん》なりともお伺《うかが》いできれば幸いでございます。

雅子皇后守護霊　全身が鉄鎖《てっさ》に縛《しば》られているような状態が、結婚《けっこん》以来、続いておりましたので。今、両手の鉄の鎖《くさり》がほどけたあたりで、まだ、両足には鉄の鎖と鉄球が付いていているような状態です。はい。

本地川　そうですか。はい。ありがとうございます。

綾織　本日は、五月の一日ということで、即位《そくい》まことにおめでとうございます。

雅子皇后守護霊　うん。はあ……（ため息）。

綾織　渋谷《しぶや》等さまざまな街で、若者が令和の新しい時代を祝っているというニュースが出ておりまして、「これから、日本がさらに発展していくのではないか」という、少し明るい気分を味わっているような状況《じょうきょう》でございます。

雅子皇后守護霊　うーん……。

綾織　今後、新しい「令和の時代」を、皇后陛下がどのように持っていきたいと考えておられるのかというところから、お伺いできればと思います。

雅子皇后守護霊　それは、「新天皇陛下が、結婚のときの約束をお守りになるかどうかを見届けたい」というのが、現時点での率直な気持ちです。「一生お守りする」とおっしゃいました。

斎藤　ああ……。

雅子皇后守護霊　その言葉を守られるかどうかを、見届けたいと思います。

綾織　その「守る」というところの意味合いというのは、「皇后陛下として、もう一段、自由なかたちでのお仕事ができるようになられる」ということを、おっしゃっているのでしょうか。

雅子皇后守護霊　私の人生の半分は「病人扱《あつか》い」、ないしは、「事実上の病人」でありましたので、これで「守った」と言えるのかどうかは微妙《びみょう》ですね。

そのほとんどは、要するに、「人間としての基本的人権が、皇室入りしたらなくなる」ということを、私は十分にはレクチャーを受けていなかったので。

新天皇は、皇太子のとき、私に結婚を申し込《こ》むときに、「外交官として女性大使をやるよりも、皇室外交をやったほうが、大所高所《たいしょこうしょ》から国の未来が見えて、人生として大きく広がるのではないか」ということをおっしゃいました。そして、「全力でお支えする」とも申されました。そのお言葉をお守りくださる方だと信じて、今日《こんにち》まで耐《た》えてまいりました。

皇后になっても、やはり、今までと同じ状態が続くのであるならば、私のほうからは、新天皇に対して、「皇室改革」を求めたいと考えています。

「『国民統合の象徴《しょうちょう》』は、ある意味での美辞麗句《びじれいく》」

斎藤　今、「皇室改革」というお言葉が出ました。

雅子皇后守護霊　はい。

斎藤　その皇室改革の構想につきまして、どのような具体的なイメージをお持ちなのか、できる範囲《はんい》で構いませんけれども、もし、何か一言《ひとこと》、お言葉を賜《たまわ》れれば幸いに存じます。

雅子皇后守護霊　私たちは、ロボットでもなければ、操《あやつ》り人形でもございません。意志を持った人間です。ですから、自分の考えもあります。好き嫌《きら》いもあります。

「国民統合の象徴《しょうちょう》」とは言われても、それは、ある意味での美辞麗句《びじれいく》でありまして。

まあ、現時点では、国民の七十パーセント以上は、おそらくは、祝賀ムードに包まれてはいることと存じますが、残りの二十数パーセントについては、無関心であるか、「面白《おもしろ》くない」と思っておられるか、ということでありましょうから、われわれの存在は、統計的には、「国民の総意に基《もと》づく」ものではないと思います。

そのなかで、自分たちが、選挙によって選ばれた、間接選挙によって選ばれ

●国民統合の象徴　日本国憲法の第一条で、「天皇は、日本国の象徴であり日本国民統合の象徴であつて、この地位は、主権の存する日本国民の総意に基く。」とされている。

た人たちの内閣に振《ふ》る舞《ま》い方を指導されて、そのとおりに演じる。要するに、「首相が監督《かんとく》であって、われらは役者」なのかどうか。

ここのところについて、新天皇と、もっと議論を深めてみたいと考えています。

2　天皇と皇室について

天皇のお仕事について、「日本国憲法に矛盾《むじゅん》がある」

綾織　天皇陛下《へいか》のいちばん中心的なお仕事としては、「国民の幸福、安寧《あんねい》を祈《いの》る」という、祭祀《さいし》の部分があります。やはり、日本神道《しんとう》の最高神官としてのお役目があるがゆえに、これだけの歴史を続けてこられたというふうに考えております。

この祭祀、神事の部分については、守護霊様としては、どのように考えられていますでしょうか。

雅子皇后守護霊　日本国憲法のなかに矛盾《むじゅん》があると考えています。

日本国憲法は、そういうものを禁じながら、精神性を取り去って、かたちだけをすることのみを容認《ようにん》しているかのごとくであります。

確かに、日本神道のなかには、かたちを重視する面はあるかとは思いますが、「かたちが重視される」ということは、「教えや中身がまったくない」という意味ではありません。教えや中身がまったくない宗教的行事であるならば、それは、あなたのおっしゃるような、祭祀を司《つかさど》っているとは言えないと思います。

「天皇は御神事《ごしんじ》において、天照大神《あまてらすおおみかみ》と相対峙《あいたいじ》できなければならない」

斎藤　ただ、伝統的に、「皇室」と、われわれ国民が受け止めるには、やはり、血脈《けつみゃく》が流れているという、万世一系《ばんせいいっけい》の考えがあります。トップには天照大神様《あまてらすおおみかみ》がいらっしゃって、皇室はこの子孫《しそん》ということで、目に見えない霊的《れいてき》な世界においても、肉体においても、こうした流れというもので一本筋《すじ》が通り、二千数百年の神国日本の柱というものを連綿《れんめん》と司ってきたとも受け止めております。

雅子皇后守護霊　しかし、天照大神様を中心とする皇室であって、その祭司長が天皇であるというならば、「天皇は御神事《ごしんじ》において、天照様と相対峙《あいたいじ》できなければならない」と思います。

しかし、今、神器《じんぎ》のようなものは受け譲《ゆず》られてきつつ、かたちとしては、「道具」は譲られますが、「魂《たましい》」は譲られていません。

すなわち、私は皇后になりましたが、天照大神様は、私のところにはお出《い》でになっていません。これは、やはり、「日本国憲法下における、天皇や皇后の位置づけが、精神的な意味における祭司の役割を拒否《きょひ》しているものだ」というふうに、私は理解しています。

斎藤　新皇后様にあられましては、そうした日本神道の神々への御心《おこころ》などにつきましては、本心からはどのようにお考えになって、受け止めていらっしゃるのでしょうか。

雅子皇后守護霊　レクチャーは受けました。しかし、意味は不明です。
欧米《おうべい》の学問の立場では「皇室の伝統行事は、民俗学《みんぞくがく》に属する内容」

斎藤　「信仰《しんこう》する」ということでありますならば、「頭で理解せず、心で相対峙する」というような世界も、右脳空間にはあるように思われますが、そうした、「心」で帰依《きえ》するような観点から見たとき、ご自身のお心は、いかがなものでしょうか。

雅子皇后守護霊　ハーバードやオックスフォードで勉強しました私から見ます

と、皇室の伝統行事は「民俗学《みんぞくがく》」に属する内容です。

民俗学についての講義は受けておりますけれども、それは、「古代のシャーマンの仕事の説明を受けている」ということであって、現代人の私たちにとっては、かたちをまねすることはできても、その心は分かりません。言っていることは分からないんです。

斎藤　うーん……。

雅子皇后守護霊　まあ、これが、皇太子妃《ひ》で何十年かあって、病気になった理由ではあるんだと思いますが。

私たちは、基本的に、人間の心は、日本人が考えているように、ハートやお腹《なか》にあるとは思っていないで、「頭脳にある」と思っていますので、頭脳で判断して受け入れられないものは、受容《じゅよう》することはできません。

カント以降の近代、「信仰《しんこう》」は過去の遺物《いぶつ》

綾織　確かに、日本神道の信仰《しんこう》自体が分かりにくいところもあるのかもしれません。

それ以外の部分で、もし、何か、ご自身で信仰しているものがありましたら、お教えいただければと思うのですが、いかがでしょうか。

雅子皇后守護霊　（約五秒間の沈黙《ちんもく》）うーん。

まあ、近代、カント以降は、「信仰」というのは、もう、〝過去の遺物《いぶつ》〟になっているんではないでしょうか。「近代観念論哲学《てつがく》」において、信仰は捨て去られ、教会の勢力が後退して、そして、人民がつくり上げた「一般《いっぱん》意志」が、神の代わりになっているものだと思います。

そうした契約《けいやく》思想のうちに、政治行為《こうい》のすべては成り立っているんであって、その一般意志が、神の代わりだと思っています。

ですから、日本国憲法に言う、「国民の総意による天皇の存在」というのも、やはり、国民の一般意志的なものだというふうに考えているわけで、「国民の一般意志が、天皇制を支える気がなくなれば、天皇制は存在しなくなるものだ」と考えております。

ゆえに、「血のつながりによる百二十六代の天皇制が、神の子の証明」という、あるいは「神の証明」というのは、私には、論理的には理解できません。

3　皇位継承《けいしょう》についてのお考え

「男女は平等」「日本の後《おく》れた風習は改めるべき」

綾織　先ほども、上皇様の守護霊様より、さまざまにお話を頂いたのですけれども、最も危惧《きぐ》されていましたのは、さらなる皇位の継承《けいしょう》の部分でございます。

雅子皇后守護霊　はい。

綾織　「女系天皇がありうるのか」、あるいは、「今までの男系男子を守り続けるのか」というところが、大きな論点になっておりました。この点について、今、どのようにお考えでしょうか。

雅子皇后守護霊　男女は平等です。

綾織　はい。

雅子皇后守護霊　だから、日本のそうした後《おく》れた風習は改めるべきだと、私は考えています。それを、皇后たる地位に就《つ》いて、言うことができないのであれば、こういう制度は無意味です。

斎藤　うーん……。

雅子皇后守護霊　三権の長《ちょう》が集まって、天皇の言葉を聴《き》かねばいけないような立場であるならば、やはり、天皇夫婦《ふうふ》というものは、国民に対して範《はん》を示すべきものでなければならないわけで。

今の時代においては、「男女平等」というのは、世界の主流の考えであって、「男性だけが天皇になれる」というような考えは、もはや、後れた、二千年以上前の思想としか思えません。

綾織　その場合、皇后陛下《へいか》の守護霊様は、愛子《あいこ》さまへの皇位の継承ということを中心的に考えていらっしゃるのですか。

雅子皇后守護霊　当然です。だから、「男女に差がない」と言っているわけで。

綾織　はい。

雅子皇后守護霊　「男である」ということで悠仁《ひさひと》さまというのはおかしい。やはり、現天皇が私の夫であるのですから、私たちの子供が次の天皇になるというのは当然のことで、これに対しては九十九パーセントの確信を持っています。

綾織　ほう。確信ですか。

「皇室典範《てんぱん》の改正をさせます」

斎藤　それは、今、「新皇后が新天皇に意見やアドバイスを行《おこな》っていく」ということを示しているのでしょうか。

雅子皇后守護霊　「皇室典範《てんぱん》」の改正をさせます。

斎藤　「させます」？

雅子皇后守護霊　当然です。間違《まちが》っているんですから。そういう古い風習は、

〝マッカーサー憲法〟の時代に改めるべきであったと思います。それを何十年も放置してきた責任は、重い。

結婚《けっこん》さえすれば男子が生まれるものと、当然のごとく考えていたんだと思うが、それは江戸《えど》時代の将軍の考え方と変わらないものだと思います。

やはり、男女を問わず、「品性」や「能力」の問題として考えるべきで、そのへんは筋《すじ》が通っていなければならないと考えます。

皇位継承《けいしょう》の考え方に「能力を入れるのは当然」

綾織　恐《おそ》れ入りますが、皇后陛下の守護霊様は、今、「能力」というお言葉を使われましたけれども、皇位の継承《けいしょう》というなかに「能力」という考え方を入れていくべきだということになるのでしょうか。

雅子皇后守護霊　当然です。

ですから、天皇家だけでなく、江戸時代の将軍家においても、たとえ、頭は……、要するに、政務を執《と》るに到達《とうたつ》していない、いわゆる知能が平均よりもはるかに劣《おと》っていて政務が執れないような状態でも、「順番としていちばん先に産まれて、男子ならば、将軍になる」というようなことが行われていましたし、それが秩序《ちつじょ》の安定につながるという考えがありましたが、この考え方は、明治維新《いしん》において捨て去らねばならない考え方であったはずです。

明治維新において四民平等の世界ができたにもかかわらず、そういう、本来、捨て去らねばならない考え方が残ったということは残念です。

第二の革命としての、先の（大戦）終戦時の「八月革命」があったわけだけれども、この「八月革命」においても、それを改められなかったということは極《きわ》めて残念なことで、日本人が「原始性」から「近代性」に移行するためには、乗り越《こ》えねばならない壁《かべ》だと思います。

ですから、夫についても、中世の水路の研究や水の研究だけでなくて、ちゃんと「男女平等の研究」という、社会学的研究をしていただきたいと思っております。

「私は実力主義で皇太子妃《ひ》に選ばれた」

斎藤　今、綾織から「能力」という言葉で質問がありました。

●八月革命　1945年8月のポツダム宣言受諾《じゅだく》により、主権の所在が「天皇主権」から「国民主権」に移行し、日本国憲法は、この「革命」によって新たな主権者となった国民が制定したと考える学説。憲法学者の宮沢俊義《みやざわとしよし》が唱《とな》えた。

ただ、「能力の考え方」を入れていくと実力主義の世の中になっていきますが、「実力主義的な考え方」をベースとして取り入れることは……。

雅子皇后守護霊　私は、それで皇太子妃《ひ》に選ばれましたので。

斎藤　あっ！　「実力主義ということで」ですか。

雅子皇后守護霊　「実力主義」で選ばないのならば、現在の夫は、伊勢神宮《いせじんぐう》の娘《むすめ》さんか誰《だれ》かとご結婚なさればよかったはずです。そちらのほうが宗教的でしょうから、より正統だと思いますが。

私と結婚されたというのは、日本国民が結婚したくてもできないような相手を求められたということで、この世においての競争の原理で、「他の日本の男性が勝てない人と結婚できる自分が、日本では最高の男性なんだ」ということを証明したかったということだと思います。

4　天皇のお立場について

「天皇を元首に戻《もど》すのが私の仕事です」

綾織　皇后陛下《へいか》の守護霊様のお考えですと、天皇陛下の位置づけというものが非常に変わってまいります。

雅子皇后守護霊　いや、そうじゃないと困ります。

綾織　はい。ある意味、天皇というものが、本当に元首的なもので権限もあるものに……。

雅子皇后守護霊　（天皇を）元首に戻《もど》すのが私の仕事です。

綾織　戻す？　天皇を元首に戻されるわけですか。

雅子皇后守護霊　はい。今は、元首か元首でないかさえ分からないので。

斎藤　つまり、天皇は、戦前まで主権者で国家元首でしたが、その世界まで持っていくぐらいの気概《きがい》があるということでしょうか。

雅子皇后守護霊　いや、「全部」が「全部」とは言いませんよ、この世的な煩《わずら》わしい仕事がたくさんありますから。内閣の処理していること、内閣総理大臣の判断していることには、この世的なことがたくさんありますから、そういうことは委任して構わないと思います。

しかしながら、「大事な判断については、天皇の裁可《さいか》が下りる」というのは、これさえあれば元首にはなれます。

綾織　その「大事な部分」というのは、先ほど、おっしゃっていたような「外交の部分」も入ってくるわけでしょうか。

雅子皇后守護霊　昭和天皇は、戦争の終結をご聖断《せいだん》なされて、終結された。これは、明治憲法下において決められたものではなかったはずです。

綾織　はい。

雅子皇后守護霊　それができたのは、昭和天皇が元首であったからです。そのあと「人間宣言」をなされました。それは、「現人神《あらひとがみ》から人間になった」ということを戦勝国に対して宣言されたわけだけれども、しかし、「元首」という概念は、諸外国においては、別に「神」という概念と一緒《いっしょ》ではありません。ですから、（天皇が）「人間宣言」をされても、元首ではありえます。それは当然でしょう。

「実質上の権限がなかったら、天皇制の意味がないのと同じ」

斎藤　例えば、他国との比較《ひかく》で考えると、アメリカ大統領のように「権力」と言ったら変ですけれども、大きな判断権を持つ方がいます。

「実力主義」や「能力主義」などをいろいろ突《つ》き詰《つ》めていくと、ややアメリカ的な発想も強く影響《えいきょう》しているようにも思われますが、そうした……。

雅子皇后守護霊　まあ、アメリカの大統領のような煩雑《はんざつ》な仕事までは、ちょっと無理かなと考えておりますが、現時点で、ドイツのように、実質上の政治権力は首相が握《にぎ》っていても、大統領は存在している国もありますよね。

あれも選挙で選ばれてはいるけれども、細々《こまごま》とした国の運営については口を出してはおらず、幾分《いくぶん》、象徴《しょうちょう》性が強いものですよね。

まあ、ああいう大統領が存在しているというのは、やはり、ヒットラーのナチス台頭による首相の独裁制が敷《し》かれたために、ワイマール憲法下の「第三帝《てい》国《こく》」があっという間に崩壊《ほうかい》していったのを見て、「実際上の権力を持っている以上の権威《けんい》が上に載《の》っていないと、政治的な独走が始まる」ということだったと思うんですね。

だから、首相が、実際上の実務はなされて構わないと思うし、G7《ジーセブン》とか、そういうものに参加するのに天皇が行くわけにはいかないとは思っておりますが、例えば、そうした会議に行く前のお伺《うかが》いなり、決定をしたあとの報告なりを、ちゃんと天皇に対してするということで、もし、天皇のほうで不快感を示された場合には、やはり、少し調整をするべきであると。
まあ、この程度の「実質上の権限」がなかったら、天皇制の存在の意味そのものがないのと同じです。

トランプ大統領との会見は、「日本の皇室における戦い」

綾織　まさに五月の末《すえ》には、アメリカのトランプ大統領が来日されまして、実際に天皇陛下と会見をされる機会が設《もう》けられています。

雅子皇后守護霊　それはね、私は、「日本の皇室における戦い」だと思っています。

トランプ大統領の隣《となり》に座《すわ》ったら、おそらく、周りの宮内庁《くないちょう》の侍従《じじゅう》たちは、「余計なことは一言《ひとこと》もしゃべるな」ということを、あの手この手でいっぱい言ってきて、語っていいことの想定問答集《もんどうしゅう》を上げてくるはずですが、通訳を通さずして話すことができる私にとって、「通訳がその内容を意訳して違《ちが》うようにする」っていうことはできない。

これが彼らの、夜も眠《ねむ》れない今の悩《なや》みになっておりますけれども、「実質的権力を取り戻す一つのチャンス」と考えています。

「最高の知性の私《わたくし》が、徳のある天皇に仕上げなければならない」

綾織　これも「お言葉ですが」ということになってしまうのですけれども。必ずしも、天皇の伝統として、そうした実質的な権力を持っている時期というのは、古代においてはありましたけれども、平安時代の途中《とちゅう》からはなくなりましたし、それがゆえに皇室が守られてきたところもあります。明治時代というのはまた特殊《とくしゅ》な時代で、元首になったわけです。

先ほど、「国民の一般《いっぱん》意志」というお言葉もありました。国民としては、必ずしもこれを願っているわけではないと思うところがあるのですけれども、いかがでしょうか。

雅子皇后守護霊　そうでしょうか。

先ほど、「允恭《いんぎょう》天皇」という言葉がありましたが、そのお父様は仁徳《にんとく》天皇で、徳の高さを尊敬されている方ですけども、甘樫丘《あまかしのおか》に登って、都《みやこ》から食事の煙《けむり》が上《のぼ》っていないのを見て、「民《たみ》は貧しいな」ということで税金を免除《めんじょ》され、翌年《よくとし》に登ってもまだ煙が上がってない、「まだ貧しいらしい」と。三年目に登って、まだ貧しいらしい。三年間、税を免除されて、やっと炊煙《すいえん》が上がってくるのを見て、「もうそろそろ、税金を納めてもらってもいいころかもしれない」と言って、その間は質素倹約《しっそけんやく》に努められたというのが遺《のこ》っています。

これは、「租税《そぜい》をかけるか、かけないか」の判断まで天皇にあったことを意味していますが、それが徳の発生原因になっていますね。

まあ、そういうこともあるし、桓武《かんむ》天皇においては、奈良《なら》の旧宗教の勢力か

仁徳天皇陵《りょう》とされる大仙陵《だいせんりょう》古墳（大阪府堺市）。全長486メートル、高さ35.8メートルにおよぶ、日本最大級の前方後円墳。

ら逃れるために、平安の都を築かれて、新しい仏教と共に千年の都をおつくりになられた。

明治天皇におかれては、京都から東京、江戸《えど》に新しい首都を移されて、居《きょ》も移された。

だから、天皇にも、そうした大きなマクロの目での政治的判断が、聖断がなされるときがあって、それが「徳のある天皇」と「そうでない天皇」を分けることになる。

まあ、日本一か、世界一かは分かりませんが、現天皇が結婚《けっこん》することができた女性として、最高の知性である私《わたくし》が嫁《よめ》になった以上、「徳のある天皇に仕上げなければならない」と思っています。

5 過去世《かこぜ》について

過去世は、中国唯一《ゆいいつ》の女性皇帝《こうてい》

斎藤　お話を聴《き》きまして、意志の強さ、そしてビジョン、そうしたものを非常に強く感じました。

雅子皇后守護霊　はい。

斎藤　現在、守護霊様として新皇后をご指導なされていると思いますが、いったいどのようなお方なのか、ぜひ、お伺《うかが》いできればと強く願っておりますけれども。

今、お話しされている、霊《れい》としての実体は、どういうお方なのでしょうか。

雅子皇后守護霊　うーん……。女性で……、皇帝《こうてい》になった経験のある者です。

斎藤　「女性で皇帝になった」という人は、中国であれば一人しかいません。皇帝まで行くと……。

綾織　●則天武后《そくてんぶこう》様ご本人でしょうか。

雅子皇后守護霊　そうです。則天武后です。

斎藤　則天武后がご指導されているということですね？

雅子皇后守護霊　私が、雅子です。

斎藤　ああ……。

綾織　これは、日本人の私たちにとっては、

●**則天武后**（624 ～ 705）　中国、唐の第3代皇帝である高宗の皇后。病弱な高《こう》宗《そう》に代わって政権を握る。高宗の死後、実子である中宗《ちゅうそう》と睿宗《えいそう》を即位させたが次々と廃位させ、690年には、自身が皇帝に就任。国号を周《しゅう》に改め、都を洛陽《らくよう》に移して「神都《しんと》」とした（武周《ぶしゅう》革命）。独裁的な政治を行ったが、官吏《かんり》登用試験である科挙《かきょ》制を強化して官僚制を整え、既存の貴族勢力を排除した。また、低い身分の狄仁傑《てきじんけつ》を宰相《さいしょう》に取り立てるなど、優秀な人材を登用した。仏教に帰依《きえ》し、保護政策をとり、龍門石窟をはじめ多くの仏教建築を造営している。中国史上唯一の女帝。在位690 ～ 705。

非常にショックが大きいところであります。
ご自身の人生計画として、日本に生まれられて、皇后陛下《へいか》になられるという計画だったのでしょうか。

雅子皇后守護霊　まあ、そう言われても、新天皇のお好みなので。向こうからの申し出を、オファーを受けて、こちらはそれをアクセプト（受諾《じゅだく》）しただけでございますので、契約《けいやく》は成立した。夫婦《ふうふ》としての契約は成立して、夫婦は平等です。

斎藤　ただ、先ほど、「天皇を仕上げる」とおっしゃったと思いますけれども。

雅子皇后守護霊　それはそうでしょう。

斎藤　「仕上げる」のですか。

雅子皇后守護霊　それは、「実質上の天皇」は私ですから。

斎藤　実質上の天皇は……。畏《おそ》れ入りました。

唐《とう》の時代、則天武后は高宗《こうそう》の皇后様でいらっしゃって、後世の歴史では「史上最大の女傑《じょけつ》」とも言われています。

ただ、高宗の没後《ぼつご》には、後継者《こうけいしゃ》を全員はねのけて、自《みずか》ら皇帝に即位《そくい》されました。聖神《せいしん》皇帝や、則天大聖《そくてんだいせい》皇帝等とも名乗られまして、国号も変えられました。

女性での皇帝は、中国ではありえないことなんですけれども。

雅子皇后守護霊　しかし、能力のある人はたくさん抜擢《ばってき》しました。そのあと、唐の繁栄《はんえい》が来ています。

斎藤　そうですね。唐の繁栄はそこからです。則天武后の功績です。

雅子皇后守護霊　私が能力のある人を引き上げたからです。

だから、かたちだけで、おべんちゃらを言う人ばかりに取り巻かれるのが、そうした宮廷《きゅうてい》なんですけれども、そういうものを一掃《いっそう》して、宦官《かんがん》勢力のようなもので取り巻くのを一掃して、能力のある人を抜擢して、大唐帝国の繁栄の基《き》礎《そ》を築いたのは、私です。

斎藤　そのとおりです。

あと、当時、仏教に帰依《きえ》をなされまして、寄《き》進《しん》や布施《ふせ》をされ、三十メートル以上もある非常に大きな「龍門石窟《りゅうもんせっくつ》」を造営されました。龍門石窟のなかで特に有名な「盧舎那仏《るしゃなぶつ》」、十七メートルぐらいの巨大《きょだい》石仏もつくられています。

雅子皇后守護霊　ええ。

龍門石窟《りゅうもんせっくつ》の盧舎那仏《るしゃなぶつ》（奉先寺《ほうせんじ》、中国河南《かなん》省洛陽《らくよう》市）。則天武后が自らの顔に模《も》してつくらせたとも言われる。

斎藤　また、ご自身が「弥勒菩薩《みろくぼさつ》」と言い、それを示すお経《きょう》（大雲経《だいうんきょう》）を編纂《へんさん》させ、全国寺院に〝撒《ま》いたり〟されたと言われています。

雅子皇后守護霊　まあ、そんなに変わらないでしょう。「弥勒菩薩信仰《しんこう》」っていうのも、まあ、「弥勒菩薩」は女性的にたとえられることのほうが多いですけども、ある意味での「救済仏《きゅうさいぶつ》」ですので。

だから、釈迦《しゃか》没後の、後《のち》の将来において、世の中を救済するために出てくる「女性の大指導者」ということですからね。

「仕事において、男性より劣《おと》ると思ったことは一度もない」

綾織　「天皇陛下を仕上げていき、ある程度の権限を持たれるようなかたちで皇后陛下がお仕事をされる」ということになると、それが進んでいった場合、私たち国民としては、「中国との関係がどうなるのか」とか、「アメリカとの関係がどうなるのか」とか、そうしたことに……。

雅子皇后守護霊　君はもう後《おく》れているんですよ。そういう質問するだけで、もう後れているんですよ。

韓国《かんこく》にだって女性大統領は出てる。台湾《たいわん》にだって女性の総統は出てるんですよ。だから、後れてるんですよ、あなた。

綾織　はい。確かに、天皇家という枠組《わくぐ》みのなかでは、私たちが考えるものとはまったく違《ちが》うものがあります。

雅子皇后守護霊　少なくとも私は、「仕事において、男性より劣《おと》ると思ったことは一度もない」ので。

綾織　はい。そういうことも、さまざまなところから伺っています。

雅子皇后守護霊　なんで自分より劣る男性の言うことをきかなきゃいけないいん

ですか！　安倍《あべ》さんの百倍は賢《かしこ》いですよ、私のほうが。

綾織　確かに、そういった外務省での仕事を……。

雅子皇后守護霊　賢い人の意見をきくべきです。それを〝お飾《かざ》りにする〟っていうのは間違っています。

6　天皇の権威《けんい》についてのお考え

皇室改革の二つの方法

斎藤　皇室改革は、すぐに始める予定でいらっしゃいますか。

雅子皇后守護霊　いえ。まあ、順次やっていきます。

斎藤　順次やっていきますか……。

雅子皇后守護霊　やっていきますが、まあ、外交において、日本語でしゃべると「用意される」から、英語でしゃべれるときには本音を忍《しの》び込《こ》ませて、意見をなるべく言って、外国の元首たちが、「うん。日本はそういう考えらしい」ということを発信してくれれば、日本の政治は変わりますわね。これが一つ。

もう一つは、総理がときどき参内《さんだい》してきますから、そのたびに、やはり、こちらの言いたいことを少しずつ少しずつ言い続けたいと思ってます。「こういうことは嫌《きら》いなんです」「こういうことのほうが望ましいと思っています」ということを、なるべく、来れば言われるようにして、だんだん。

皇室に来たくなかったら、辞《や》めればいいわけですから。

綾織　やはり、そこの部分は、天皇陛下《へいか》ご自身のお考えとはかなり距離《きょり》がある
ように思います。
雅子皇后守護霊　そんなことはありません。天皇陛下は私《わたくし》が今、教育してる
ところですから。
綾織　天皇陛下が即位《そくい》に当たって表明されたお言葉についても、「国民に寄り
添《そ》う」と……。
雅子皇后守護霊　あれは役人が書いた言葉ですので。彼は書いていません。

綾織　おそらく、「国民に寄り添いたい」ということは素直《すなお》におっしゃっていたと……。

雅子皇后守護霊　「寄り添う」というような言葉は、だいたい、本当に間違《まちが》った言葉です。

綾織　間違った言葉……。

雅子皇后守護霊　看護師じゃないので、天皇は。「寄り添う」という言葉を使うべきじゃありません。「国民に対して、正しい道を指し示したい」と、そう言わなければ駄目《だめ》です。

天皇の権力を「昭和天皇のレベルまで戻《もど》したい」

斎藤　先ほど、新上皇の守護霊様は、「安倍《あべ》首相は、天皇が自分より年下なので、軽《かろ》んじて見る可能性がある」というように述べられ、懸念《けねん》、危惧《きぐ》されていました。

雅子皇后守護霊　私がいるから大丈夫《だいじょうぶ》です。

斎藤　あっ、そうですか。

雅子皇后守護霊　私が守るので。だから、向こうが「お守りする」と言いましたが、全然守ってくれませんので、私のほうが新天皇をお守りして、安倍氏の〝猛攻《もうこう》〟を防ぐように頑張《がんば》ります。

斎藤　今まで、宮中のさまざまな制約のなかで、お心を痛めていたようなイメージを受けているわれわれとしましては、今のお話を伺《うかが》うと、印象にズレがかなりございますが。

雅子皇后守護霊　これだけ我慢《がまん》させられたんですから、いつまでも〝おしん〟はできません。皇后になったら、言うべきことは言わせていただきます。

国会なんかは、天皇を「かたちだけだ」と思ってるんだろうけども、天皇が国会を召集《しょうしゅう》しなかったら、なくなるんですから。解散だってできないんですから。（天皇が）詔書《しょうしょ》にサインして御璽《ぎょじ》を押《お》さなければ、国会を召集することも解散することもできないんですから。そういう事態が一カ月ぐらい続いたら、首相は辞めるしかないでしょうね。

綾織　イメージとしては、「戦時中」の状態ですね。

雅子皇后守護霊　昭和天皇のレベルまでは戻《もど》します、どうしても。できたら、明治帝《てい》のところまで戻したい。

開戦も終戦も「天皇の決意だった」

綾織　ある意味、昭和の時代は、皇室の危機の時代でもありまして、マッカーサーには、「皇室をなくす」という判断も選択肢《せんたくし》としては本当にあったわけです。やはり、「天皇陛下が能力・実力主義でやっていかれる」ということは、皇室にとっても非常に危ない場面が出てくる可能性があると……。

雅子皇后守護霊　いや、開戦は、天皇の決意で開戦されまして、そして、終戦も、天皇の決意で終戦をした。

アメリカは（天皇のことを）〝インディアンの酋長《しゅうちょう》〟だと思っているかもし

れないけれども、その天皇なくして終戦はできなかったわけですから。マッカーサーが天皇を死刑《しけい》にするようなことがあれば、彼は「一億国民の玉砕《ぎょくさい》」と立ち向かわねばならない。

その被害《ひがい》を考えたときに、とてもそういう判断はできなかったということで、最終的には、（皇室の危機を）打ち破ったということです。

綾織　そこはやはり、「昭和天皇に徳があられて、国民が敬愛していた」というのが、いちばん大きいと思います。その部分で、非常にはばかられる言い方になるかもしれませんけれども、もし、皇室の徳というものが失われていったならば、国民から、「もしかしたら皇室は要《い》らないのではないか」という気持ちも起きてくるのでは……。

雅子皇后守護霊　要らないのは、あなたのほうです。

綾織　まあ、そうかもしれません（苦笑）。

雅子皇后守護霊　「徳」なんていうことを言っても、意味が分からないです。「徳」なんて学問化できません。分からないです。徳なんていうのは、〝フィーリング〟にしかすぎないんです、ただの。

「天照大神《あまてらすおおみかみ》のＤＮＡは、地上に伝わってない」

本地川　少し付け加えさせていただきます。

皇室がこれだけ世界でいちばん長く続いてきたのは、先ほども少し申し上げたのですけれども、一つには、やはり、目に見えない権威《けんい》というものを、国民がみんな知っているからだと思います。

徳にプラスして権威というものがあり、その権威は、「天皇家が天照大神《あまてらすおおみかみ》様の子孫《しそん》である」ということ、要するに、「当時、天照大神様が神の声を聴《き》いて国民を治めた」というところから発しておりますので……。

雅子皇后守護霊　あのねえ。

本地川　例えば、日本においていろいろな戦いがあったときも、天皇の錦《にしき》の御《み》旗《はた》を掲《かか》げられたら、敵軍は、「自分たちのほうが賊軍《ぞくぐん》になるからもう駄目だ」と思って、ヘナヘナになっています。これは、能力やパワーがあるからというよりも、権威があるからだと思うのです。

ですから、権威というもの、皇室の根源のところを大事にしなければならないのではないでしょうか。

何のために天皇があり、皇室があるのか。なぜ、国民はそれをずっと支持してきたか。それは決して、天皇が、何か能力があってバシバシといろいろな外交をやったからとか、そういうことではなく、目に見えない天上界《てんじょうかい》の力とかに私たちは守られていることとかを、みんな感じ取ってきたからだと思います。そういうことで、みなさん、天照大神の子孫に当たる天皇に心から畏怖《いふ》と畏敬の念を持って、従ってきたと思うのです。

雅子皇后守護霊　勝手なこと言わないでください。分かったようなことを。

本地川　もし日本神道《しんとう》系とご縁《えん》がないのでしたら、そのへんのところの雰囲気《ふんいき》を理解されていないのではないかと思います。

雅子皇后守護霊　あんたねえ、あんた。学問的にねえ、もうまったく、ほんとに勉強したことがないから、そういうことが言えるんでね。

「皇室が天照大神の子孫だ」と言ってるけども、『古事記《こじき》』を学問的に分析《ぶんせき》したらねえ、「地上に天降《あまくだ》ったのは邇邇芸命《ににぎのみこと》であって、天照大神の孫」ということになってるんですよ。「天照大神の孫が、地上に肉体を持った。その以前は、要するに、天上界で霊《れい》として存在した」と言ってるわけですよ。

とすると、天照大神のＤＮＡは、地上には伝わってないので、現在の皇室まで伝わってるはずがないんですよ。だから、間違いがあるんですよ。言ってることが、『古事記』自体が間違ってるんですよ。

学問的に嘘《うそ》なんですよ。今から千三百年前につくられた嘘なんで。過去のものを権威づけるためにつくったんです。当時の学者たちがね。

本地川　そういう見方もあるでしょうけれども、今は、「日本の文明は、国が

つくられた時代からさらに遡《さかのぼ》り、もう数十万年前
から始まっていた」という●霊査《れいさ》も始まっています。
これは、大川隆法総裁のお力によるのですが。

雅子皇后守護霊　そんなのはねえ、「新しい神話」
なんですよ。神話を語るのは簡単です。

本地川　神話は世界中にありますから。

雅子皇后守護霊　神話じゃなくて、学問的に実証してから言ってくださいよ。
そんな農耕や魚の骨で釣《つ》り針をつくってた時代にね、高度な文明があるはずが

●霊査も……　『天御祖神《あめのみおやがみ》の降臨《こうりん》』（幸福の科学出版刊）参照。

ないんです。

愛子《あいこ》さまへの継承《けいしょう》について「九十九パーセントの確信」と、

「残る一パーセント」とは何か

綾織　皇后陛下の守護霊様でいらっしゃいますので、この場は、議論的なかたちは避《さ》けていきたいと思います。

一つお訊《き》きしたいのですが、先ほど、（愛子《あいこ》さまへの皇位継承《けいしょう》について）「九十九パーセントの確信」と言われていました。「残る一パーセント」については、どういうお気持ちでいらっしゃるのでしょうか。

雅子皇后守護霊　何が？

綾織　一パーセントの部分は、どういうお気持ちが残っておられるのでしょうか。

雅子皇后守護霊　一パーセント、それは「政変」ですよ。

綾織　ん？

雅子皇后守護霊　政変。

斎藤　「政変が起きる」ということ？

雅子皇后守護霊　うん。

綾織　それは？

雅子皇后守護霊　国民が反乱を起こす場合があるから。

綾織　反乱を起こして……。

雅子皇后守護霊　皇室を潰《つぶ》す可能性があります。

綾織　（約十秒間の沈黙《ちんもく》）それを想定されているわけですね？

雅子皇后守護霊　うん。それはありえる。諸外国でも起きてることですから、あるでしょう。

綾織　その点で申し上げますと、やはり実権を持ち、能力主義でやっていこうとされるのであれば……。

雅子皇后守護霊　そういう日本の論理は、外国では通用しないんです。「飾《かざ》り」だけ、紙でつくったおひな様みたいなのを飾っときゃあいいみたいなの、これ、どこにも通じないですよ。

7　今後の日本をどのようにしていきたいか

過去、日本にお生まれになったご経験は

綾織　ところで、日本にお生まれになったご経験はございますでしょうか。

雅子皇后守護霊　いや、今回初めてですけど。

綾織　今回初めてですか。

雅子皇后守護霊　はい。

斎藤　（過去の転生《てんしょう》は）すべて海外でしょうか。

雅子皇后守護霊　まあ、地球ですから一緒《いっしょ》ですよ。

綾織　やはり、日本の皇室ですので、「日本の神々のお考えをどれだけ受けられるか」ということが、いちばん大事になると思います。

雅子皇后守護霊　そんな、もう〝インディアンの酋長《しゅうちょう》たち〟の集まりの意見なんか、聞いたってしょうがないでしょう。

斎藤　「過去、ヨーロッパのほうにも転生して、お生まれになったことがある」と聞きましたけれども。

雅子皇后守護霊　まあ、それはあるかもしれませんね、はい。だから、私は「先進国」にしか生まれないので。

〝後進国〟はね、初めて生まれたんですよ。

斎藤　（苦笑）

●過去……　『明治天皇・昭和天皇の霊言』（幸福の科学出版刊）参照。

「アングロサクソンの進んだ部分を、文化的に入れたい」

斎藤　今後、日本をどのような国にしていきたいか、そのビジョンにつきましてお伺《うかが》いできればと思います。

雅子皇后守護霊　まあ、とりあえず、アメリカ、イギリスは勉強しましたので、そうしたアングロサクソンの進んだ部分、〝遺伝子〟を、ちょっと文化的に入れたいなとは思っています。

そのねえ、「言挙《ことあ》げしない」ということはずいぶん言われたけれども、「言葉を使って、論理的でちゃんとした話し合いや仕事ができないような国柄《くにがら》」を変えないと、もう「後進国」になって終わりになります、このままでは。

斎藤　つまり、日本の国のカルチャーのなかに、アングロサクソン系の先進的なものを取り入れていくと？　「考え方」、「論理」、「発想」を学んでいき、日本の「言挙げしないカルチャー」を改めていくと……。

雅子皇后守護霊　きちっと言うべきことは言って、で、「どちらのほうが、より正しい考えなのであるか」ということを明確にして、上下《じょうげ》をはっきりとさせる。間違《まちが》ったものは排除《はいじょ》する。こういう考え方をきっちりしなきゃ。

日本的に、なあなあにして分からなくして、とにかく、うーん、「実力のない者ほど上にあがる」みたいな考え方は、よろしくない。

斎藤　ありがとうございます。
「宮内庁《くないちょう》の古いカルチャーは、そうとう改善しないといけない」
綾織　最後に一点お伺いしたいのですけれども、この場は、守護霊様のお言葉ですので……。
雅子皇后守護霊　そうです。そうです。
綾織　私どもといたしましては、「地上にいる皇后陛下《へいか》のお考えとは、必ずしも一致《いっち》しないのではないか」という気持ちもございます。

雅子皇后守護霊　はい。地上のほうは、かなりダメージを受けていますから。

綾織　ご病気もありましたし、今回、新しく天皇が即位《そくい》をされ、プレッシャーも非常に大きいなかで、頑張《がんば》っていらっしゃるというように見ております。

雅子皇后守護霊　まあ、「上皇」とか「上皇后」とか、もう、ああいう制度を勝手につくるのは憲法違反《いはん》ですので。ああいう制度を、天皇のほうから言い出さずにつくってくるのはよろしくないことで。ちゃんと、民間人になるなら、なっていただかないと、私どもは非常に仕事がやりにくい。

綾織　これは、私どもの気持ちという部分になるかもしれませんけれども、やはり、「日本の皇室としてのあり方」があると思いますし、地上の雅子さまのお考えもあると思いますので、ぜひ、それを尊重いただいて、広く皇室を守っていただければと思います。

雅子皇后守護霊　宮内庁《くないちょう》のもう古いカルチャーは、そうとう改善しないといけないと思っておりますので、なかでも改革をやるつもりです。私を苦しめたカルチャーは、やっぱり改善したいと思ってます。

本地川　本日は、いろいろと失礼な点もありましたことは、お詫《わ》びいたします。

ご本心をお伺いできましたことを、非常にありがたく思っております。

雅子皇后守護霊　このねえ、先進国に生まれたら当たり前の考えがね、日本の後《おく》れたカルチャーのなかでは、泥沼《どろぬま》のなかに沈《しず》んでいくんですよ。これを、日本の象徴《しょうちょう》として担《かつ》ぐのは問題がありますよ。

やっぱり、天皇なら、「首相が間違ってる」と思ったら叱《しか》りつけるぐらいの権威《けんい》は必要ですよ。それができないなら、天皇制なんて要《い》らない。

綾織　国民が見守っておりますので、そのあたりのところは、ぜひ、国民の気持ちも酌《く》み取っていただければと思います。

雅子皇后守護霊　まあ、日本国憲法は矛盾《むじゅん》だらけですからね、私たちが新しい秩序《ちつじょ》をつくるしかないですね。

「私たちは『紙でつくったひな人形』。神々の宿《やど》り木《ぎ》にはならない」

綾織　また、皇室におかれましては、やはり、日本神道《しんとう》の神々の意志というものが強く働いていますので、それをお酌み取りいただければと思います。

雅子皇后守護霊　そんなものは、私たちには、全然、影響《えいきょう》がないので。私たちには影響がないんですよ。私たちはもう、本当に、「紙でつくったひな人形」にしかすぎないので。これはね、神々の宿《やど》り木《ぎ》にはならないんですよ。

綾織　心を透明《とうめい》にしていきますと、どこかで天照大神《あまてらすおおみかみ》のご指導が臨《のぞ》むと思います。

雅子皇后守護霊　だから、「天照様は私たちに会いに来ないんだ」って言ってるでしょう。

綾織　まず、そのようなものを感じ取る部分もお持ちいただければというのが、私たちの願いでございます。

雅子皇后守護霊　まあ、もう、そういう〝土人《どじん》宗教〟はやめなさいよ！　「近代的な教え」に基《もと》づいた皇帝《こうてい》制みたいなものを、ちゃんとつくったほうがいいですよ。

本地川　はい、分かりました。本日はいろいろとご本心をお聞かせいただきまして、本当にありがとうございました。

雅子皇后守護霊　はい。

質問者一同　ありがとうございました。

8　新皇后の守護霊インタビューを終えて

雅子さまの心身不調の本当の原因とは

大川隆法　（手を二回叩《たた》く）皇后になるこの方を、周りの人たちが総がかりで二十数年間か抑《おさ》え込《こ》んできて、ご本人も早々に心身の不調和を起こされたのだろうと思います。

ただ、原因は、現天皇が皇太子のときに、こういうタイプの方を好きになられたことにあるでしょう。

そもそも、皇室に嫁入《よめい》りするための条件にはいろいろとあると思われますが、一つには、「職業経験のある人は皇太子妃《ひ》にはなれない」ということです。また、「上司を持ったことがある人も駄目《だめ》」です。さらに、いわゆる「『女腹《おんなばら》』の家系であってはならず、『男腹《おとこばら》』の家系でなければならない」ということもあります。ところが、小和田《おわだ》家には、雅子さまのみならず双子《ふたご》の妹までいるので、「女腹」の家系だと見られることもあります。このように、皇室に嫁入りするための条件に三つも反したところがありました。

また、皇太子さまの事実上のプロポーズを六年ぐらい〝蹴飛《けと》ばして〟いたのを、二十九歳《さい》になって、普通《ふつう》の〝駆《か》け込みＯＬ〟のように結婚《けっこん》なされた部分には、かなり、この世的な考え方が入っているところもおありではないかと思います。

もっとも、守護霊が言うことには、かなり〝極端化《きょくたん》〟した意見が出る場合もあるので、今までの何十年間に積み重ねた部分が、「令和の時代」になって、急に、ハマグリがパカッと口を開《ひら》いて砂を吐《は》き出したような状態になっているのかもしれません。

おそらく、皇太子妃として入られてから、美智子《みちこ》さまとも、そうとう意見の相違《そうい》があったものだと思われます。このあたりのところについて、どのように調整していけるかでしょう。

「何をもって上とするか」が分からないのが今の日本の文化

大川隆法　もう一回、すべてのことに対し、ハマグリのように口を閉《と》じろと言われる方向になるのか。あるいは、雅子さまが思っておいでのような、アメリカンな感じのファーストレディになられるのか。あるいは、ファーストレディ以上のものになられるのか。

全体に、「何をもって上とするか」ということが分からないのが今の「日本」、「日本文化」、および「皇室文化」なのだろうと思います。

ご結婚されるときに、「競争社会で勝ち抜《ぬ》いた者が皇室に入ることには危険性がある」ということを言う方はけっこういたのですが、渡部昇一《わたなべしょういち》先生のように、「『ハーバードを出た人が皇室にいる』と言うと、アメリカ人からも尊敬されるからいいのではないか」「日本の発展になるのではないか」などと、よいほうに捉《とら》える方もいて、意見もいろいろではありました。

例えば、幸福の科学の名古屋正心館《なごやしょうしんかん》館長である小林早賢《こばやしそうけん》氏が通産省（現・経済産業省）官僚《かんりょう》だった当時、外務省にお勤めだった雅子さまから直接に電話を頂いて、「いつまでかかってるのよ、仕事遅《おそ》いわね。帰れないじゃないの！」と怒鳴《どな》られたことがあるそうですけれども、おそらく、地はそういう方でおありなのだと思います。本当は、けっこうはっきりしたものの考え方をされているのではないでしょうか。

そのような方が皇室に入るには、何らかの歩み寄りがなければ共存《きょうぞん》するのも難しいだろうとは思いますが、そのために、二十数年もかけて皇室で教育されていたのかもしれません。

そうした教育の面はかなり大きいこともあるでしょうけれども、それがじっくりと滲《にじ》み出すように出てくるのか、それとも、はっきりとしたかたちで出てくるのか。陛下《へいか》が皇太子時代に、「一生お守りする」とおっしゃったような言葉が、どこまでの重荷になるのか。

このあたりのところが、「令和の時代がどうなるか」にかかってくるかとは思います。

女性として仕事の成功を目指すのも、そう簡単な道ではない

大川隆法　ただ、一点申し上げなければならないこととしては、もし、ご結婚なさらず、外交官を続けておられたとして、どうだったかということです。

ハーバード大の経済学部を上位で卒業なされ、さらに東京大学に入り、外交官試験に受かったため中退して外交官になり、その後、オックスフォード大学の修士課程に行かれた女性として、たとえ、その後、女性大使になられたとし

ても、大使の地位は閣僚よりも下であり、総理大臣よりも下であり、天皇よりも下であるということは知らなければなりません。

自分では最高の知性であると思っていたとしても、日本の社会のなかでは、社会の要職を占《し》めるすべての人たちに対して号令をかけられるような立場になるのは、そう簡単なことではないのです。

もし、立候補して政治家になられるとしても、当然のことながら、片山《かたやま》さつき（現・内閣府特命担当大臣）さんが苦労されているぐらいのご苦労は味わわないと、上にはあがれないということも知っておいたほうがよいかもしれません。

それから、「民主主義の本場であるアメリカであっても、女性の大統領はまだ誕生していない」ということも考えたほうがよいでしょう。ヒラリー・クリントンさんは優秀《ゆうしゅう》だったかもしれませんが、あのトランプ大統領の〝喧嘩《けんか》外交〟はそう簡単にできるものではありません。やはり、「男には男としての交渉力《こうしょうりょく》というものがある」ということも、ある程度の事実ではあるでしょう。

社会全体をもうひとつ見ないと、上野千鶴子《うえのちづこ》氏が東大の入学式で述べたような、単なる男女同権の考え方だけで社会を渡《わた》れるほど甘《あま》くはないと思います。そのあたりのところを、多少は認識されたほうがよいのではないでしょうか。

日本文化について、「まだお悟《さと》りになっていない部分」

大川隆法　また、日本の文化のなかで「はっきりとものを言わないほうがよい」とされる考え方のなかに、まだお悟《さと》りになっていない部分があるかもしれないので、そういったところについて学ばれるとよいかもしれません。

おそらく、宮中行事等で和歌を詠《よ》むといったものは、ハーバード出の人にとってはバカバカしくてやっていられないということでしょうし、十二単《じゅうにひとえ》を着て歩くのも、もう、時代錯誤《さくご》も甚《はなは》だしいと見えるのでしょう。私も詳《くわ》しくは知りませんが、その重さは二十キロぐらいという説もあるので、それだけの重さがあるものを着て廊下《ろうか》を歩いたりするのは、かなり〝古代人〟のように見えているのだろうと思います。

ただ、日本の神々とはあまり接触《せっしょく》がないようではあるので、このあたりについては、やはり、宮内庁《くないちょう》の職員であっても教えることはできず、儀礼《ぎれい》的なかたちでしかご進講ができていないのではないかとは思います。

こうしたものは、きちんとした宗教家でなければ教えられないところではありますね。

あまり無理をなされないで、次第《しだい》に周りと融和《ゆうわ》しながら自己実現をなされますようにお祈《いの》りして、今日の霊言《れいげん》としたいと思います。

質問者一同　ありがとうございました。

あとがき

貞観《じょうがん》の初め、太宗《たいそう》は重臣《じゅうしん》たちに、「自分の姿を映《うつ》し出そうとすれば、必ず鏡を用いなければならない。それと同じように、君主が自《みずか》らの過《あやま》ちに気づくためには、必ず忠臣の諫言《かんげん》に俟《ま》たなければならない。君主が自らを賢《かしこ》い人間だと思い込《こ》めば、過ちを犯しても、それを正してくれる臣下はいなくなる。……」と述べたという。現代にも諫言を聞く度量を持つリーダーはまれだろう。

トップは孤独だ。鏡を磨き続けなければ、自分の姿を正しく映すことも難しくなるものだ。
私自身の自戒《じかい》を込めた言葉でもある。

二〇一九年（令和元年）　五月七日

幸福《こうふく》の科学《かがく》グループ創始者兼総裁《そうししゃけんそうさい》　大川隆法《おおかわりゅうほう》

『新上皇と新皇后のスピリチュアルメッセージ』関連書籍

『太陽の法』（大川隆法 著　幸福の科学出版刊）
『永遠の法』（同右）
『今上天皇・元首の本心 守護霊メッセージ』（同右）
『守護霊インタビュー 皇太子殿下に次期天皇の自覚を問う』（同右）
『皇室の未来を祈って
　――皇太子妃・雅子さまの守護霊インタビュー――』（同右）
『皇室の新しい風 おそれながら、「佳子さまリーディング」』（同右）
『今上天皇の「生前退位」報道の真意を探る』（同右）
『天御祖神の降臨』（同右）
『明治天皇・昭和天皇の霊言』（同右）

新上皇《しんじょうこう》と新皇后《しんこうごう》のスピリチュアルメッセージ

――皇室の本質と未来への選択――

2019年5月8日　初版第1刷

著　者　　大《おお》川《かわ》隆《りゅう》法《ほう》

発行所　　幸福の科学出版株式会社

〒107-0052 東京都港区赤坂2丁目10番14号

TEL(03)5573-7700

https://www.irhpress.co.jp/

印刷・製本　株式会社 研文社

落丁・乱丁本はおとりかえいたします

ISBN978-4-8233-0080-6 C0014

カバー lalan/Shutterstock.com ／帯 時事

p.20, 21 時事／ p.76 共同通信社／ p.77 時事通信フォト／ p.127 時事通信フォト／朝日航洋

装丁・イラスト・写真（上記・パブリックドメインを除く）© 幸福の科学

大川隆法霊言シリーズ・日本神道の精神

天《あめの》御《み》祖《おや》神《がみ》の降臨

古代文献『ホツマツタヱ』に記された創造神

3万年前、日本には文明が存在していた——。日本民族の祖《おや》が明かす、歴史の定説を凌駕するこの国のルーツと神道の秘密、そして宇宙との関係。秘史を記す一書。

1,600円

天照大神の神示 この国のあるべき姿 聞き手 大川咲也加

政治不信、経済不況、天変地異、生前退位——。日本の主宰神が語られた「願い」、そして危機の時代を照らす厳かなメッセージ。日本人必読の一書。

1,400円

神武天皇は実在した

初代天皇が語る日本建国の真実

神武天皇の実像と、日本文明のルーツが明らかになる。現代日本人に、自国の誇りを取り戻させるための「激励のメッセージ」!

1,400円

伊邪那岐《いざなぎ》・伊邪那美《いざなみ》の秘密に迫る

日本神話の神々が語る「古代史の真実」

国生み神話の神々が語る、その隠された真実とは……。『古事記』『日本書紀』ではわからない、古代日本の新事実がついに明かされる。

1,400円

※表示価格は本体価格(税別)です。

「現行日本国憲法」をどう考えるべきか

天皇制、第九条、そして議院内閣制

憲法の嘘を放置して、解釈によって逃れることは続けるべきではない──。現行憲法の矛盾や問題点を指摘し、憲法のあるべき姿を考える。

1,500円

マッカーサー 戦後65年目の証言

マッカーサー・吉田茂・山本五十六・鳩山一郎の霊言

GHQ最高司令官・マッカーサーの霊によって、占領政策の真なる目的が明かされる。戦後日本の政治家、連合艦隊司令長官の霊言も収録。

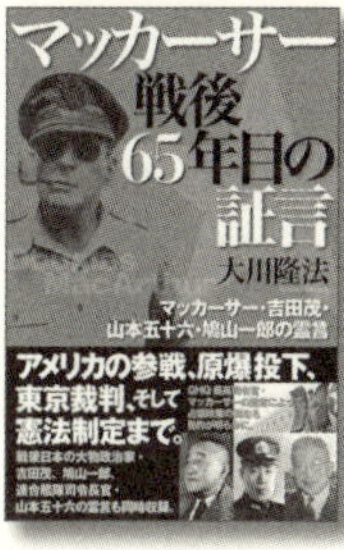

1,200円

日本建国の原点

この国に誇りと自信を

二千年以上もつづく統一国家を育んできた神々の思いとは──。著者が日本神道・縁《ゆかり》の地で語った「日本の誇り」と「愛国心」がこの一冊に。

1,800円

祭政一致の原点

「古事記」と「近代史」から読みとく神国日本の精神

大川咲也加　著

古来より、神意を受けた「祭政一致」の国であった日本。現代の政教分離に至った歴史を検証しつつ、再び「神国日本」の誇りを取り戻すための一書。

1,300円

大川隆法シリーズ・最新刊

メタトロンの霊言

危機にある地球人類への警告

中国と北朝鮮の崩壊、中東で起きる最終戦争、裏宇宙からの侵略──。キリストの魂と強いつながりを持つ最上級天使メタトロンが語る、衝撃の近未来。

1,400円

夢は尽きない

幸福実現党 立党10周年記念対談

大川隆法　釈量子　共著

日本の政治に、シンプルな答えを──。笑いと熱意溢れる対談で、働き方改革や消費増税などの問題点を一刀両断。幸福実現党の戦いは、これからが本番だ！

1,500円

堺屋太一の霊言

情報社会の先にある「究極の知価革命」

情報社会の先にある「究極の知価革命」とは。堺屋太一が、大阪維新の会への率直な思いをはじめ、政治・経済の近未来予測を独自の視点で語る。

1,400円

真のエクソシスト

身体が重い、抑うつ、悪夢、金縛り、幻聴──。それは悪霊による「憑依」かもしれない。フィクションを超えた最先端のエクソシスト論、ついに公開。

1,600円

※表示価格は本体価格（税別）です。

世界から
希望が
消えたなら。
製作総指揮・原案／大川隆法
竹内久顕　千眼美子　さとう珠緒　芦川よしみ　石橋保　木下渓
監督／赤羽博　音楽／水澤有一　脚本／大川咲也加　製作／幸福の科学出版　製作協力／ARI Production　ニュースター・プロダクション
制作プロダクション／ジャンゴフィルム　配給／日活　配給協力／東京テアトル　©2019 IRH Press
10.18 ROADSHOW

幸福の科学グループのご案内

宗教、教育、政治、出版などの活動を通じて、地球的ユートピアの実現を目指しています。

幸福の科学

一九八六年に立宗。信仰の対象は、地球系霊団の最高大霊、主エル・カンターレ。世界百カ国以上の国々に信者を持ち、全人類救済という尊い使命のもと、信者は、「愛」と「悟り」と「ユートピア建設」の教えの実践、伝道に励んでいます。

（二〇一九年五月現在）

愛

幸福の科学の「愛」とは、与える愛です。これは、仏教の慈悲《じひ》や布施《ふせ》の精神と同じことです。信者は、仏法真理をお伝えすることを通して、多くの方に幸福な人生を送っていただくための活動に励んでいます。

悟り

「悟り」とは、自らが仏の子であることを知るということです。教学《きょうがく》や精神統一によって心を磨き、智慧《ちえ》を得て悩みを解決すると共に、天使・菩薩《ぼさつ》の境地を目指し、より多くの人を救える力を身につけていきます。

ユートピア建設

私たち人間は、地上に理想世界を建設するという尊い使命を持って生まれてきています。社会の悪を押しとどめ、善を推し進めるために、信者はさまざまな活動に積極的に参加しています。

海外支援・災害支援

国内外の世界で貧困や災害、心の病で苦しんでいる人々に対しては、現地メンバーや支援団体と連携して、物心両面にわたり、あらゆる手段で手を差し伸べています。

自殺を減らそうキャンペーン

年間約２万人の自殺者を減らすため、全国各地で街頭キャンペーンを展開しています。

公式サイト **www.withyou-hs.net**

ヘレンの会

ヘレン・ケラーを理想として活動する、ハンディキャップを持つ方とボランティアの会です。視聴覚障害者、肢体不自由な方々に仏法真理を学んでいただくための、さまざまなサポートをしています。

公式サイト **www.helen-hs.net**

入会のご案内

幸福の科学では、大川隆法総裁が説く仏法真理《ぶっぽうしんり》をもとに、「どうすれば幸福になれるのか、また、他の人を幸福にできるのか」を学び、実践しています。

入会

仏法真理を学んでみたい方へ

大川隆法総裁の教えを信じ、学ぼうとする方なら、どなたでも入会できます。入会された方には、『入会版「正心法語《しょうしんほうご》」』が授与されます。

ネット入会　入会ご希望の方はネットからも入会できます。
happy-science.jp/joinus

三帰《さんき》誓願《せいがん》

信仰をさらに深めたい方へ

仏弟子としてさらに信仰を深めたい方は、仏《ぶっ》・法《ぽう》・僧《そう》の三宝《さんぽう》への帰依を誓う「三帰誓願式」を受けることができます。三帰誓願者には、『仏説・正心法語』『祈願文《きがんもん》①』『祈願文②』『エル・カンターレへの祈り』が授与されます。

幸福の科学 サービスセンター
TEL 03-5793-1727
受付時間／
火～金：10～20時
土・日祝：10～18時
（月曜を除く）
幸福の科学 公式サイト
happy-science.jp

ハッピー・サイエンス・ユニバーシティ

Happy Science University

ハッピー・サイエンス・ユニバーシティとは

ハッピー・サイエンス・ユニバーシティ（HSU）は、大川隆法総裁が設立された「現代の松下村塾」であり、「日本発の本格私学」です。建学の精神として「幸福の探究と新文明の創造」を掲げ、チャレンジ精神にあふれ、新時代を切り拓く人材の輩出を目指します。

人間幸福学部　経営成功学部　未来産業学部

HSU長生キャンパス TEL **0475-32-7770**

〒299-4325　千葉県長生郡長生村一松丙 4427-1

未来創造学部

HSU未来創造・東京キャンパス

TEL **03-3699-7707**

〒136-0076　東京都江東区南砂2-6-5

公式サイト **happy-science.university**

学校法人 幸福の科学学園

学校法人　幸福の科学学園は、幸福の科学の教育理念のもとにつくられた教育機関です。人間にとって最も大切な宗教教育の導入を通じて精神性を高めながら、ユートピア建設に貢献する人材輩出を目指しています。

幸福の科学学園

中学校・高等学校（那須本校）

2010年4月開校・栃木県那須郡（男女共学・全寮制）

TEL **0287-75-7777** 公式サイト **happy-science.ac.jp**

関西中学校・高等学校（関西校）

2013年4月開校・滋賀県大津市（男女共学・寮及び通学）

TEL **077-573-7774** 公式サイト **kansai.happy-science.ac.jp**

仏法真理塾「サクセスNo.1」

全国に本校・拠点・支部校を展開する、幸福の科学による信仰教育の機関です。小学生・中学生・高校生を対象に、信仰教育・徳育にウエイトを置きつつ、将来、社会人として活躍するための学力養成にも力を注いでいます。

TEL 03-5750-0747（東京本校）

エンゼルプランV　TEL 03-5750-0757

幼少時からの心の教育を大切にして、信仰をベースにした幼児教育を行っています。

不登校児支援スクール「ネバー・マインド」　TEL 03-5750-1741

心の面からのアプローチを重視して、不登校の子供たちを支援しています。

ユー・アー・エンゼル！（あなたは天使！）運動

一般社団法人 ユー・アー・エンゼル　TEL 03-6426-7797

障害児の不安や悩みに取り組み、ご両親を励まし、勇気づける、障害児支援のボランティア運動を展開しています。

NPO活動支援

学校からのいじめ追放を目指し、さまざまな社会提言をしています。また、各地でのシンポジウムや学校への啓発ポスター掲示等に取り組む一般財団法人「いじめから子供を守ろうネットワーク」を支援しています。

公式サイト mamoro.org　ブログ blog.mamoro.org

相談窓口 TEL.03-5544-8989

百歳まで生きる会

「百歳まで生きる会」は、生涯現役人生を掲げ、友達づくり、生きがいづくりをめざしている幸福の科学のシニア信者の集まりです。

シニア・プラン21

生涯反省で人生を再生・新生し、希望に満ちた生涯現役人生を生きる仏法真理道場です。定期的に開催される研修には、年齢を問わず、多くの方が参加しています。全国180カ所、海外12カ所で開校中。

【東京校】TEL 03-6384-0778　FAX 03-6384-0779

メール senior-plan@kofuku-no-kagaku.or.jp

幸福実現党

幸福実現党 釈量子サイト **shaku-ryoko.net**

Twitter **釈量子@shakuryokoで検索**

内憂外患《ないゆうがいかん》の国難に立ち向かうべく、2009年5月に幸福実現党を立党しました。創立者である大川隆法党総裁の精神的指導のもと、宗教だけでは解決できない問題に取り組み、幸福を具体化するための力になっています。

党の機関紙
「幸福実現NEWS」

幸福実現党 党員募集中

あなたも幸福を実現する政治に参画しませんか。

○幸福実現党の理念と綱領、政策に賛同する18歳以上の方なら、どなたでも参加いただけます。

○党費:正党員(年額5千円[学生 年額2千円])、特別党員(年額10万円以上)、家族党員(年額2千円)

○党員資格は党費を入金された日から1年間です。

○正党員、特別党員の皆様には機関紙「幸福実現NEWS(党員版)」(不定期発行)が送付されます。

＊申込書は、下記、幸福実現党公式サイトでダウンロードできます。

住所:〒107-0052 東京都港区赤坂2-10-8 6階 幸福実現党本部

TEL **03-6441-0754** FAX **03-6441-0764**

公式サイト **hr-party.jp**

幸福の科学出版

大川隆法総裁の仏法真理の書を中心に、ビジネス、自己啓発、小説など、さまざまなジャンルの書籍・雑誌を出版しています。他にも、映画事業、文学・学術発展のための振興事業、テレビ・ラジオ番組の提供など、幸福の科学文化を広げる事業を行っています。

アー・ユー・ハッピー?
are-you-happy.com

ザ・リバティ
the-liberty.com

幸福の科学出版
TEL **03-5573-7700**
公式サイト **irhpress.co.jp**

THE FACT
ザ・ファクト
マスコミが報道しない
「事実」を世界に伝える
ネット・オピニオン番組

YouTubeにて
随時好評
配信中!

ザ・ファクト　検索

NEW STAR PRODUCTION

ニュースター・プロダクション

「新時代の美」を創造する芸能プロダクションです。多くの方々に良き感化を与えられるような魅力あふれるタレントを世に送り出すべく、日々、活動しています。 公式サイト **newstarpro.co.jp**

ARI Production

ARI《アリ》 Production《プロダクション》

タレント一人ひとりの個性や魅力を引き出し、「新時代を創造するエンターテインメント」をコンセプトに、世の中に精神的価値のある作品を提供していく芸能プロダクションです。 公式サイト **aripro.co.jp**

大川隆法　講演会のご案内

大川隆法総裁の講演会が全国各地で開催されています。講演のなかでは、毎回、「世界教師」としての立場から、幸福な人生を生きるための心の教えをはじめ、世界各地で起きている宗教対立、紛争、国際政治や経済といった時事問題に対する指針など、日本と世界がさらなる繁栄の未来を実現するための道筋が示されています。

2019年3月3日 グランド ハイアット 台北（台湾）「愛は憎しみを超えて」

2018年12月11日 幕張メッセ「奇跡を起こす力」

2017年8月2日 東京ドーム「人類の選択」

2018年10月7日 ザ・リッツカールトン ベルリン（ドイツ）「Love for the Future」

2019年1月26日 広島県立文化芸術ホール「未来への希望」

講演会には、どなたでもご参加いただけます。
最新の講演会の開催情報はこちらへ。⟹　大川隆法総裁公式サイト
https://ryuho-okawa.org

終章

生涯現役—万年映画青年の夢は果てしなく

送別会
ソニーピクチャーズ日本代表 佐野哲章《のりあき》氏と

あこがれのワーナー映画に入社して、46年半。好きな映画の中に浸りきって、"良い字幕"作りを通して己の信じるキリスト教と聖書の正しい伝達という"ミッション・ポッシブル"にささげた半生——。思えば、まことに幸いな人生だった。

2008年に退職してから数年は、好きな音楽を聴き、BSなどで録画したまま、多忙で見る機会のなかった映画を日に何本も見ながら、余生を送っていた。"もう映画は十分。これでひとまず映画人生の幕引きか"と思っていたが、そうではなかった。退社から3年ほどたった2011年に、よく耳にするようになったフェイスブック（以下FB）なるものをやってみようと思って、会員登録し、FBの友達をつくり、どんな記事がアップされているのかを観察しているうち、キリスト教や聖書に関する先達たちの英語の格言を紹介している多くのサイトがあることに気づいた。だが、原語のままでは、多くの日本人の方々は、その恵みに浴せまいと考えたとき、「よし、これを日本語に訳して皆さんに紹介してみよう」と思い立ち、それを新たなミッションと考えるようになった。

そのうちに、YouTubeなる音楽や動画の配信メディアがあることを知り、その動画の中には、アメリカ発信の英語版の映画の予告編もあることに気づいた。そこでまた心にひらめいたのは、これで字幕編集ソフトがあれば、ひょっとしてこれらの予告編に字幕を翻訳して付け、再アップすれば、皆さんに最新のキリスト教を背景にした公開予定映画の予告編を、ご紹介できるのでは？ ということだった。その気になっていろいろ調べてみたら、手持ちのパソコンのソフトの中に、そのような機能を持った動画作成アプリがプリインストールされていることが分かった。こうして、フェイスブック ＋ YouTube ＋ 動画作成ソフトで、現役時代の翻訳のスキルを用いて、皆さんに広く字幕入り映画や、内容の良い外国 CM や、ドキュメンタリーなどを紹介できるようになった。中には、もうすでに 20 万人以上のアクセスのある自閉症児のドキュメンタリーや、10 万人近くの方が見られた予告編もある。ここに、その YouTube の私の字幕作品を収録したページの URL を掲げておくので、興味のある方は、アクセスしてみてほしい。

https://www.youtube.com/channel/UCjoayBNCBboStyKQM2HR3qQ/videos

さらにまた、私が信仰を持つきっかけになったキリスト教放送伝道団体の、支援会員募集を目的とした支援団体の委員の一人になり、その活動の一環として、「聖書で読み解く映画カフェ」を年に 4 回開催することになった。そこは、ナビゲーターとして、キリスト教的視点から映画の解説をしながら、入会の勧誘をする新しい奉仕の場である。そしてFB 上でも、この同じ名称で同好グループを作り、会員も 1,100 人を超え、その中で、キリスト教の視点から、語り合い、良い作品を紹介する活動が続けられている。

映画カフェ「エデンの東」上映後解説

このようにして、私の映画人生は、ワーナー退社と共に終わるどころか、現役時代にも増して、多忙を極めるようになってきた。聖書の中に、こんな言葉がある。

「神の賜物と召命とは変わることがありません。」(新約聖書 ローマ人への手紙 11 章 29 節)

自分の今を顧みて、この言葉は真実であると、しみじみ実感する日々だが、その中で、いつも心に響いてくる映画のタイトルがある。それは、第 3 章で紹介した〔4〕**「壮烈第七騎兵隊」の原題 They died with their boots on**(彼らは長靴を履いたまま死んだ)である。私も、願わくは、神のみもとに召されるその瞬間まで、この映画を通して信仰を伝えるミッションに、“生涯現役”でありたいと心から祈っている。

ワーナーを引退した時から、一つの“夢”があった。それは、半世紀にわたる自分の映画人生を、一冊の「本」にして記録しておきたいということだった。だが、退社後も次第に忙しくなってきたこともあって、一年、また一年と何も手がつかぬまま時が過ぎ、気がつけば満 8 年がたっていた。そして、いよいよ腰を上げねばならないのに、いざ本を出すとなったら、誰に、どのようにお願いすべきなのかも分からぬまま、「これは夢に終わるのか」と半ば諦めかけていた昨年暮れ、思わぬ二人の“助っ人”が現れた。共にクリスチャンで、一人は、ご自分も若い頃は映画脚本家を志していたが、その夢を秘めたまま編集の世界で長く実績を積んでこられた平野誠氏と、もう一人は、キリスト教出版社を経営して、信仰良書を多数発行しておられるイーグレープ代表者の穂森宏之氏である。平野氏は、この本のすてきなメインタイトル「字幕に愛を込めて」も考えてくださった。お二人の励ましによって、やっと生涯の夢を果たすことができた。ここに心から感謝したい。ただ、穂森氏には、まことに申し訳ないと思っていることが一つある。それは、“想定外”の本のボリュームである。念願の映画字幕の本が出せると分かった時に、「これは生涯でただ一度のチャンスだ!」と勇み立ち、それまでに字幕に関してしたためてきた様々な資料を、原稿として全て提出した。しばらくして「こんな感じになります」と完成見本をお見せいただいた時に、私は、自分が頭の中で考えていた本の厚さのほとんど倍になっていることに気づいた。これではとても商売にならないことは、いくら出版にはズブの素人の私でも分かる。結果的に、穂森氏には、商売を抜きにして、私の“夢”にお付き合いいただくようなことになってしまった。同信の友であることに免じて、ひたすらにご寛恕《かんじょ》をお願いする次第である。

この本を手に取られた皆様には願わくは、少々“宗教臭い”ながらも、ワーナーで味わえた映像字幕の世界を何とかまとめ上げた小誌をご笑覧くださり、そこに込めた一人の“万年映画青年”の、字幕への愛とロマンを感じ取っていただけたら、望外の喜びである。

2017年10月
小川 政弘

ワーナー映画と共に半世紀　（代表作125本リスト）

No.	年	公開作品数	月	代　表　作	ジャンル	出　　演
1	1946		6月	カサブランカ	ロマンス	ハンフリー・ボガート
2	1950		9月	ヨーク軍曹	伝記	ゲイリー・クーパー
3	1951	1	12月	ダラス	西部劇	ゲイリー・クーパー
4	1953	14	6月	壮烈第7騎兵隊	西部劇	エロール・フリン
5			6月	肉の蝋人形	サスペンス	ヴィンセント・プライス
6	1955	15	4月	スタア誕生	ロマンス	ジュディー・ガーランド
7			10月	エデンの東	ドラマ	ジェイムズ・ディーン
8	1956	15	4月	理由なき反抗	青春	ジェイムズ・ディーン
9			12月	ジャイアンツ	ドラマ	ジェイムズ・ディーン
10	1958	14	10月	老人と海	ドラマ	スペンサー・トレイシー
11	1959	12	4月	リオ・ブラボー	西部劇	ジョン・ウェイン
12			8月	尼僧物語	ドラマ	オードリー・ヘップバーン
	1961	16	10月9日	入社		
13			10月	草原の輝き	青春	ウォーレン・ベイティー
14			12月	ファニー	ミュージカル	レスリー・キャロン
15	1964	10	12月	マイ・フェア・レディ	ミュージカル	オードリー・ヘップバーン
16			12月	シャイアン	西部劇	ジョン・ウェイン
17	1965	13	12月	グレート・レース	アドベンチャー	トニー・カーティス
18	1966	14	4月	バルジ大作戦	戦争	ヘンリー・フォンダ
19	1967	14	12月	キャメロット	ミュージカル	リチャード・ハリス
20	1968	15	2月	俺たちに明日はない	アクション	ウォーレン・ベイティー
21			4月	暗くなるまで待って	サスペンス	オードリー・ヘップバーン
22			12月	ブリット	アクション	スティーヴ・マックィーン
23	1969	19	3月	フィニアンの虹	ミュージカル	フレッド・アステア
24			8月	ワイルドバンチ	西部劇	ウィリアム・ホールデン
25	1970	12	7月	ウッドストック	ドキュメンタリー・音楽	ジミ・ヘンドリックス
26	1971	18	8月	おもいでの夏	青春	ジェニファー・オニール
27			10月	ベニスに死す	ドラマ	ダーク・ボガード
28	1972	15	2月	ダーティハリー	アクション	クリント・イーストウッド
29			4月	11人のカウボーイ	西部劇	ジョン・ウェイン
30			4月	時計じかけのオレンジ	ドラマ	マルコム・マクダウェル
31	1973	16	9月	スケアクロウ	ドラマ	ジーン・ハックマン
32			12月	燃えよドラゴン	アクション	ブルース・リー
33	1974	24	7月	エクソシスト	ホラー	リンダ・ブレア
34	1975	12	6月	タワーリング・インフェルノ	パニック	スティーヴ・マックィーン
35	1976	22	3月	狼たちの午後	ドラマ	アル・パチーノ

出　　演	監　　督	字幕翻訳	備　　考
イングリッド・バーグマン	マイケル・カーティズ	高瀬鎮夫	CMPE 配給戦後第 1 作。
ジョーン・レスリー	ハワード・ホークス	高瀬鎮夫	
ルース・ローマン	スチュアート・ハイスラー	高瀬鎮夫	ワーナー映画戦後第 1 作。
オリヴィア・デ・ハヴィランド	ラウール・ウォルシュ	高瀬鎮夫	
フィリス・カーク	アンドレ・ド・トス	高瀬鎮夫	ワーナー初の 3D 立体映画。
ジェイムズ・メイソン	ジョージ・キューカー	高瀬鎮夫	1985 年再公開。
ジュリー・ハリス	エリア・カザン	高瀬鎮夫	
ナタリー・ウッド	ニコラス・レイ	高瀬鎮夫	
エリザベス・テイラー	ジョージ・スティーヴンズ	高瀬鎮夫	
フェリッペ・パゾス	ジョン・スタージェス	高瀬鎮夫	
アンジー・ディキンソン	ハワード・ホークス	高瀬鎮夫	
ピーター・フィンチ	フレッド・ジンネマン	高瀬鎮夫	オードリー、ワーナー第 1 作。
			20 歳になったばかり。
ナタリー・ウッド	エリア・カザン	高瀬鎮夫	
シャルル・ボワイエ	ジョシュア・ローガン	高瀬鎮夫	
レックス・ハリソン	ジョージ・キューカー	高瀬鎮夫	70mm。
リチャード・ウィドマーク	ジョン・フォード	高瀬鎮夫	70mm。
ナタリー・ウッド	ブレイク・エドワーズ	高瀬鎮夫	70mm。
ロバート・ライアン	ケン・アナキン	高瀬鎮夫	シネラマ。
ヴァネッサ・レッドグレイヴ	ジョシュア・ローガン	高瀬鎮夫	70mm。
フェイ・ダナウェイ	アーサー・ペン	高瀬鎮夫	
アラン・アーキン	テレンス・ヤング	高瀬鎮夫	
ジャクリーン・ビセット	ピーター・イエーツ	高瀬鎮夫	
ペトゥラ・クラーク	フランシス・フォード・コッポラ	高瀬鎮夫	70mm。
ロバート・ライアン	サム・ペキンパー	高瀬鎮夫	70mm。
ジョーン・バエズ	マーティン・スコセッシ(第 2 班)	高瀬鎮夫	
ゲイリー・グライムズ	ロバート・マリガン	高瀬鎮夫	
ビヨルド・アンドレセン	ルキノ・ヴィスコンティ	高瀬鎮夫	
ハリー・ガーディノ	ドン・シーゲル	高瀬鎮夫	73,76,83,88 とシリーズ 5 作。
コリーン・デューハースト	マーク・ライデル	高瀬鎮夫	70mm。
マイケル・ベイツ	スタンリー・キューブリック	高瀬鎮夫	
アル・パチーノ	ジェリー・シャッツバーグ	高瀬鎮夫	
ジョン・サクソン	ロバート・クローズ	高瀬鎮夫	カンフー映画の先駆け。
マックス・フォン・シドー	ウィリアム・フリードキン	高瀬鎮夫	オカルト映画の先駆け。シリーズ 3 まで。
ポール・ニューマン	ジョン・ギラーミン/アーウィン・アレン	高瀬鎮夫	パニック映画の先駆け。
	シドニー・ルメット	高瀬鎮夫	

No.	年	公開作品数	月	代　表　作	ジャンル	出　　演
36			12月	エンテベの勝利	アクション	カーク・ダグラス
	1977		2月	渉外部長（製作）		
37	1977	14	3月	スター誕生	ロマンス	バーブラ・ストライサンド
	1978		8月	渉外部長兼総務部長		
38	1978	15	10月	グッバイガール	ロマンス	リチャード・ドレイファス
39	1979	13	4月	ビッグ・ウェンズデー	青春	ジャン・マイケル・ヴィンセント
40			6月	スーパーマン	SF	クリストファー・リーヴ
41			12月	マッドマックス	SF	メル・ギブソン
42	1980	17	1月	あきれたあきれた大作戦	コメディー	ピーター・フォーク
43			12月	シャイニング	ホラー	ジャック・ニコルソン
44	1982	14	7月	ブレードランナー	SF	ハリソン・フォード
45	1984	15	1月	卒業白書	青春	トム・クルーズ
46			6月	カメレオンマン	コメディー	ウディー・アレン
47			9月	ライトスタッフ	ドラマ	サム・シェパード
48			10月	ポリスアカデミー	コメディー	スティーヴ・グッテンバーグ
49			12月	グレムリン	SF	ザック・ギャリガン
50	1985	19	5月	ターミネーター	SF	アーノルド・シュワルツェネッガー
51			8月	キリング・フィールド	戦争	サム・ウォーターストン
52			12月	グーニーズ	SF	ショーン・アスティン
	1986		2月	製作総支配人		
53	1986	14	9月	カラーパープル	ドラマ	ウーピー・ゴールドバーグ
54	1987	25	3月	フルメタル・ジャケット	戦争	マシュー・モディーン
55			4月	サボテン・ブラザース	コメディー	スティーヴ・マーティン
56			4月	プラトーン	戦争	トム・ベレンジャー
57			6月	リーサル・ウェポン	アクション	メル・ギブソン
58			12月	インナー・スペース	SF	デニス・クエイド
59	1988	32	2月	ロボコップ	SF	ピーター・ウェラー
60			7月	フランティック	サスペンス	ハリソン・フォード
61			9月	さよならゲーム	ドラマ	ケヴィン・コスナー
62			10月	グッドモーニング・ベトナム	ドラマ	ロビン・ウィリアムズ
63			12月	ロジャー・ラビット	アニメ・実写	ボブ・ホスキンズ
64	1989	25	1月	イマジン　ジョン・レノン	ドキュメンタリー・音楽	ジョン・レノン
65			12月	バットマン	SF	マイケル・キートン
66	1990	26	3月	いまを生きる	青春	ロビン・ウィリアムズ
67			12月	プリティ・ウーマン	ロマンス	リチャード・ギア
68	1991	36	7月	リトル・マーメイド	アニメ	ジョディー・ベンソン
69			12月	カーリー・スー	ファミリー	アリサン・ポーター

出　　演	監　　督	字幕翻訳	備　　考
エリザベス・テイラー	マーヴィン・J・チョムスキー	高瀬鎮夫	
			36歳
クリス・クリストファーソン	フランク・ピアソン	高瀬鎮夫	70mm。リメイク(最初は"スタア")。
			37歳
マーシャ・メイソン	ハーバート・ロス	高瀬鎮夫	
ウィリアム・カット	ジョン・ミリアス	高瀬鎮夫	
マーゴット・キダー	リチャード・ドナー	高瀬鎮夫	'81、'83、'86と4作。のち「スーパーガール」も登場。
	ジョージ・ミラー	野中重雄	'81(岡枝慎二)、'85(戸田奈津子)と3作。
アラン・アーキン	アーサー・ヒラー	金田文夫	
シェリー・デュヴァル	スタンリー・キューブリック	高瀬鎮夫	
ルトガー・ハウアー	リドリー・スコット	岡枝慎二	
レベッカ・デモーネイ	ポール・ブリックマン	岡枝慎二	
ミア・ファーロー	ウディー・アレン	金田文夫	
エド・ハリス	フィリップ・カウフマン	戸田奈津子	
キム・キャトラル	ヒュー・ウィルソン	戸田奈津子	シリーズ第6作まで。
フィービー・ケイツ	ジョー・ダンテ	戸田奈津子	スピルバーグ作品。シリーズ2作まで。
リンダ・ハミルトン	ジェイムズ・キャメロン	岡枝慎二	シリーズ第3作まで。
ハイン・S・ニョール	ローランド・ジョフェ	岡枝慎二	カンボジア内戦。
コリー・フェルドマン	リチャード・ドナー	戸田奈津子	
			45歳。
ダニー・グローヴァー	スティーヴン・スピルバーグ	戸田奈津子	
ヴィンセント・ドノフリオ	スタンリー・キューブリック	原田真人	ヴェトナム戦争。
チェヴィー・チェイス	ジョン・ランディス	菊地浩司	言語アドバイザー"シティボーイズ"(3人)。
ウィレム・デフォー	オリヴァー・ストーン	岡枝慎二	ヴェトナム戦争。
ダニー・グローヴァー	リチャード・ドナー	岡枝慎二	シリーズ4作まで。
マーティン・ショート	ジョー・ダンテ	戸田奈津子	
ナンシー・アレン	ポール・ヴァーホーヴェン	菊地浩司	シリーズ3作まで。
ベティー・バックリー	ローマン・ポランスキー	菊地浩司	
スーザン・サランドン	ロン・シェルトン	細川直子	ケヴィン・コスナー、ワーナー初出演。
フォレスト・ウィテカー	バリー・ロビンソン	原田真人	
クリストファー・ロイド	ロバート・ゼメキス	戸田奈津子	
ヨーコ・オノ	アンドルー・ソールト	石田泰子	
ジャック・ニコルソン	ティム・バートン	戸田奈津子	
イーサン・ホーク	ピーター・ウェラー	松浦美奈	シリーズ4作まで(第2作新村一成)。
ジュリア・ロバーツ	ゲイリー・マーシャル	古田由紀子	
クリストファー・D・バーンズ	ジョン・マスカー/ロン・クレメンツ	進藤光太/進藤光太	
ジェイムズ・ベルーシ	ジョン・ヒューズ	古田由紀子	

No.	年	公開作品数	月	代表作	ジャンル	出演
70	1992	19	3月	JFK	伝記	ケヴィン・コスナー
71			12月	ボディガード	アクション	ケヴィン・コスナー
72	1993	21	4月	許されざる者	西部劇	クリント・イーストウッド
73			4月	天使にラブソングを…	コメディー・音楽	ウーピー・ゴールドバーグ
74			6月	ジャック・サマースビー	西部劇	リチャード・ギア
75			8月	デイヴ	ドラマ	ケヴィン・クライン
76			9月	逃亡者	サスペンス	ハリソン・フォード
	1994	14	7月	ワーナー映画製作室長		
77	1995	16	9月	マディソン郡の橋	ロマンス	クリント・イーストウッド
78	1996	9	8月	イレイザー	アクション	アーノルド・シュワルツェネッガー
79	1997	16	4月	スペース・ジャム	アニメ・実写	マイケル・ジョーダン
80			9月	コンタクト	SF	ジョディー・フォスター
81	1998	13	9月	シティ・オブ・エンジェル	ロマンス	メグ・ライアン
82	1999	11	2月	ユー・ガット・メール	ロマンス	トム・ハンクス
83			7月	アイズ・ワイド・シャット	ドラマ	トム・クルーズ
84			9月	マトリックス	SF	キアヌ・リーヴズ
85	2000	11	4月	スリー・キングス	戦争	ジョージ・クルーニー
86	2001	15	2月	ペイ・フォワード　可能の王国	ドラマ	ケヴィン・スペイシー
87			6月	A.I.	SF	ヘイリー・ジョエル・オズメント
88			12月	ハリー・ポッターと賢者の石	ファミリー	ダニエル・ラドクリフ
89	2002	18	2月	オーシャンズ11	アクション	ジョージ・クルーニー
90			4月	コラテラル・ダメージ	アクション	アーノルド・シュワルツェネッガー
91			11月	ハリー・ポッターと秘密の部屋	ファミリー	ダニエル・ラドクリフ
92	2003	18	6月	マトリックス・リローデッド	SF	キアヌ・リーヴズ
93			8月	HERO	史劇	ジェット・リー
94			11月	マトリックス・レボリューションズ	SF	キアヌ・リーヴズ
95			12月	ラスト・サムライ	史劇	トム・クルーズ
96	2004	17	3月	恋愛適齢期	青春	ジャック・ニコルソン
97			5月	トロイ	史劇	ブラッド・ピット
98			6月	ハリー・ポッターとアズカバンの囚人	ファミリー	ダニエル・ラドクリフ
99			11月	ポーラー・エクスプレス	CGアニメ	(声・動作)トム・ハンクス(5役)
100			12月	僕の彼女を紹介します	ロマンス	チョン・ジヒョン
101	2005	16	1月	オーシャンズ12	アクション	ジョージ・クルーニー
102			3月	ロング・エンゲージメント	ドラマ	オードレイ・トトゥー
103			7月	アイランド	SF	ユアン・マクレガー
104			9月	チャーリーとチョコレート工場	ファミリー	ジョニー・デップ
105			10月	ティム・バートンのコープスブライド	アニメ	ジョニー・デップ

出演	監督	字幕翻訳	備考
トミー・リー・ジョーンズ	オリヴァー・ストーン	進藤光太	
ホイットニー・ヒューストン	ミック・ジャクソン	太田直子	
ジーン・ハックマン	クリント・イーストウッド	岡田壮平	監督イーストウッド、アカデミー最優秀作品賞・監督賞受賞。
マギー・スミス	エミール・アルドリーノ	太田直子	ワーナーのディズニー作品思い出の一作。2作まで。
ジョディー・フォスター	ジョン・アミエル	太田直子	
シガーニー・ウィーヴァー	アイヴァン・ライトマン	太田直子	
トミー・リー・ジョーンズ	アンドルー・デイヴィス	菊地浩司	
			53歳。
メリル・ストリープ	クリント・イーストウッド	戸田奈津子	
ヴァネッサ・ウィリアムズ	チャールズ・ラッセル	菊地浩司	
ウェイン・ナイト	ジョー・ピトカ	石田泰子	“ルーニー・テューンズ”。
マシュー・マコノーイー	ロバート・ゼメキス	太田直子	
ニコラス・ケイジ	ブラッド・シルバーリング	松浦美奈	「ベルリン 天使の詩」リメイク。
メグ・ライアン	ノーラ・エフロン	戸田奈津子	
ニコール・キッドマン	スタンリー・キューブリック	菊地浩司	
キャリー・アン・モス	ウォシャウスキー兄弟	林完治	シリーズ第1作。
マーク・ウォールバーグ	デイヴィッド・O・ラッセル	岡田壮平	湾岸戦争。
ヘレン・ハント	ミミ・レダー	松浦美奈	実話に基づく“善意の先渡し”運動。一粒の麦
ジュード・ロー	スティーヴン・スピルバーグ	戸田奈津子	
ルパート・グリント	クリス・コロンバス	戸田奈津子/岸田恵子	J.K.ローリング7部作の最初。
ブラッド・ピット	スティーヴン・ソダーバーグ	菊地浩司	リメイク。以後1人ずつ増え第3作まで。
フランチェスカ・ネーリ	アンドルー・デイヴィス	菊地浩司	
エマ・ワトソン	クリス・コロンバス	戸田奈津子/岸田恵子	第2作。D-CINEMA第1作。
キャリー・アン・モス	ウォシャウスキー兄弟	林完治	第2作。IMAX第1作。
マギー・チャン	チャン・イーモー	水野衛子/太田直子	ワーナー初の中国映画。
キャリー・アン・モス	ウォシャウスキー兄弟	林完治	第3作完結編。
小雪/渡辺謙	エドワード・ズウィック	戸田奈津子	初のアメリカ製本格派時代劇。
ダイアン・キートン	ナンシー・マイヤーズ	今泉恒子	
ダイアン・クルーガー	ヴォルフガング・ペーターゼン	菊地浩司/佐藤恵子	
ルパート・グリント	アルフォンソ・キュアロン	戸田奈津子/岸田恵子	第3作。
ピーター・スコラリ	ロバート・ゼメキス	戸田奈津子/中村久世	
チャン・ヒョク	クァク・ジョエン	根本理恵	ワーナー初の韓国映画。
ブラッド・ピット	スティーヴン・ソダーバーグ	菊地浩司	
ギャスパー・ウリエル	ジャン・ピエール・ジュネ	松浦美奈	
スカーレット・ヨハンソン	マイケル・ベイ	菊地浩司	
ヘレナ・ボナム・カーター	ティム・バートン	滝の島ルナ/藤澤睦実	
ヘレナ・ボナム・カーター	ティム・バートン	石田泰子/桜井裕子	

No.	年	公開作品数	月	代表作	ジャンル	出演
106			10月	セブンソード	史劇	レオン・ライ
107			11月	ハリー・ポッターと炎のゴブレット	ファミリー	ダニエル・ラドクリフ
108	2006	22	4月	Vフォー・ヴェンデッタ	アクション	ヒューゴー・ウィーヴィング
109			6月	ポセイドン	パニック	カート・ラッセル
110			8月	スーパーマン リターンズ	SF	ブランドン・ラウス
111			10月	父親たちの星条旗	戦争	ライアン・フィリップ
112			12月	硫黄島からの手紙	戦争	渡辺謙
113	2007		1月	ディパーテッド	アクション	ジャック・ニコルソン
114			3月	ハッピー・フィート	CG アニメ	(声) イライジャ・ウッド
115			4月	ラブソングができるまで	ロマンス	ヒュー・グラント
116			6月	ゾディアック	サスペンス	ジェイク・ギレンホール
117			7月	ハリー・ポッターと不死鳥の騎士団	ファミリー	ダニエル・ラドクリフ
118			8月	オーシャンズ 13	アクション	ジョージ・クルーニー
119			9月	さらばベルリン	ドラマ	ジョージ・クルーニー
120			9月	幸せのレシピ	ロマンス	アーロン・エッカート
121			12月	ベオウルフ　呪われし勇者	CG SF	レイ・ウィンストン
122			12月	アイ・アム・レジェンド	SF	ウィル・スミス
123	2008		2月	スウィーニー・トッド	ホラーミュージカル	ジョニー・デップ
124			5月	最高の人生の見つけ方	ドラマ	ジャック・ニコルソン
125	1990	WHV	6月	偉大な生涯の物語	史劇	マックス・フォン・シドー
	2008		3月8日	定年退職		

出　　演	監　　督	字幕翻訳	備　　考
ドニー・イェン	ツイ・ハーク	樋口裕子	
エマ・ワトソン	マイク・ニューウェル	戸田奈津子/岸田恵子	第4作。3人目の監督。
ナタリー・ポートマン	ジェイムズ・マクティーグ	雨宮健	D-CINEMA（4K）第1作。
ジョシュ・ルーカス	ヴォルフガング・ペーターゼン	菊地浩司	リメイク。
ケヴィン・スペイシー	ブライアン・シンガー	林完治	新版。
ジェシー・ブラッドフォード	クリント・イーストウッド	戸田奈津子/佐藤恵子	イーストウッド硫黄島二部作。製作スピルバーグ。
二宮和也	クリント・イーストウッド	(戸田奈津子)	イーストウッド硫黄島二部作。製作スピルバーグ。
レオナルド・ディカプリオ	マーティン・スコセッシ	栗原とみ子	アカデミー監督賞受賞。
(声) ロビン・ウィリアムズ	ジョージ・ミラー	稲田嵯裕里/アンゼたかし	
ドルー・バリモア	マーク・ローレンス	藤澤睦実	
ロバート・ダウニー Jr.	デイヴィッド・フィンチャー	杉山緑	
ルパート・グリント	デイヴィッド・ヘイマン	戸田奈津子/岸田恵子	第5作。4人目新監督。
ブラッド・ピット	スティーヴン・ソダーバーグ	菊地浩司	
ケイト・ブランシェット	スティーヴン・ソダーバーグ	石田泰子	
キャサリン・ゼタ=ジョーンズ	スコット・ヒックス	古田由紀子	
アンジェリーナ・ジョリー	ロバート・ゼメキス	太田直子	
アリーシー・ブラガ	フランシス・ローレンス	林完治	
ヘレナ・ボナム・カーター	ティム・バートン	佐藤恵子	
モーガン・フリーマン	ロブ・ライナー	桜井裕子	
チャールトン・ヘストン	ジョージ・スティーヴンズ	水野佳彦	このペンネームで小川が翻訳。映画人生で心から感謝する一本。
			46年半在職。66歳7か月。

索　引

11人のカウボーイ……156
2001年　宇宙の旅……148,192,270,293
A.I.……192,262,305,317
E.T.……270
G-メン……110
HERO……329
JFK……119,215,222,230,231,250
L.A.コンフィデンシャル……274
OK牧場の決闘……137
Vフォー・ヴェンデッタ……343
アイ・アム・レジェンド……376
哀愁……216
アイズ・ワイド・シャット……191,291
愛と青春の旅立ち……198
アイランド……339
赤毛のアン……157
あきれたあきれた大作戦……188,199
悪魔を憐れむ歌……64,274
アズビー・ブラウン……326,367
アトランティスのこころ……368
アナと雪の女王……262
アバター……201
ア・ヒュー・グッドメン……378
天田俊明……219
アメイジング・グレイス……56
アメイジング・ジャーニー　神の小屋より……275
雨に唄えば……115
雨宮健……344
アメリカン・ビューティー……313
荒馬と女……36
アラモ……137
アルマゲドン……270
アンゼたかし……365
イアン・マクドゥーガル……191
イージー・ライダー……158
硫黄島からの手紙……85,347
生井英考……212
石田泰子……98.224.263.342,366
偉大な生涯の物語……36.148,232,292,384
いちごブロンド……110
稲田嵯裕里……98,365
井上由美子……100
伊原奈津子……365
今泉恒子……332
イマジン　ジョン・レノン……224
いまを生きる……226
イレイザー……260
イングリッシュ・ペイシェント……36,85,274
インデペンデンス・デイ……270
インナー・スペース……200,219
インファナル・アフェア……363
陰謀のセオリー……281
ウィリアム（ビル）・アイアトン……256,296
植草甚一……9
ウェストサイド物語……143
歌え！ロレッタ　愛のために……56
宇宙戦争……270
ウッドストック……153
海猿……198
浦田勇……15,27
エイリアン……270
駅馬車……140,146
エクソシスト（シリーズ）……27,159,163
江尻京子……155
エデンの東……9,119,125,143,206,227
江原正士……321
エリン・ブロコビッチ……327
エンテベの勝利……183
大いなる西部……120
大條成昭……296
狼たちの午後……182,184

（外国の映画人は省略。また、タイトルごとの紹介文章の中では、初出のページのみ採録）

オーシャンズ 11-13……327,366,367
オーシャンと十一人の仲間……328
太田直子……98,251,253,255,256,263,329,376
岡枝慎二……44,80,112,156,188,203,204,216
おかしなおかしなおかしな世界……148
岡田英次……252
岡田壮平……61,252,304
岡田惠和……100
荻昌弘……9
小山内美江子……100
オズの魔法使……115,123
小野賢章……321
オノ・ヨーコ……224
おもいでの夏……154
親分はイエス様……56
小山田信……330
俺たちに明日はない……143,149
カーリー・スー……230
影山民夫……199
カサブランカ……110,111,366
柏木哲夫……381
風と共に去りぬ……136
加藤清史郎……364
金井義雄……17,183
金子ありさ……100
金子成人……100
金田文夫……195
神島きみ……22
亀川浩未……335,342
カメレオンマン……194
カラーパープル……125,206
唐沢寿明……335
狩人の夜……44
カルラの歌……281
河合敦之……213
川名完次……80
菊地浩司……45,56,64,71,98,205,213,218,220,221,256,261,296,328,339,345
岸田恵子……321,378
北川悦吏子……101
木村絵理子……326
キャスパー……274
彼奴は顔役だ……110
キャメロット……148
義勇の猛火……109
キリング・フィールド……203
グーニーズ……198,204
グッド・ウイル・ハンティング……226
グッドモーニング・ベトナム……200,222
グッバイガール……184
靴みがき……8
暗くなるまで待って……142,150
倉本聰……100
栗原とみ子……65,87,364
クルーシブル……274
グレート・レース……146
紅の翼……137
グレムリン（シリーズ）……200,204
クローン……274
現金に体を張れ……292
恋に溺れて……274
恋人たちの予感……282
高校三年……9
荒野の七人……252
告発の行方……268
心みだれて……282
小堺一機……199,223
ゴッドファーザー……363
小森和子……136
小雪……331
コラテラル・ダメージ……328
コンタクト……191,251,263

コント赤信号……199
最高の人生の見つけ方……101,342,378
サウンド・オブ・ミュージック……367
ザ・エージェント……42
坂元裕二……100
桜井裕子……101,342
佐藤一公……98
佐藤恵子……356,378
佐藤正二……150
佐藤武……25
佐藤英夫……25,321
真田広之……330
佐野哲章……393
サボテン・ブラザース……200,213,219
サム・ムーサ……10,15,27
サヨナラ……149
さよならゲーム……221,232
さらばベルリン……85,366
サルバドル　遥かなる日々……199,204
サンキュー・スモーキング……367
幸せの黄色いハンカチ……158
幸せのレシピ……367
シービスケット……42
ジェシー・ジェームズの暗殺……60
市街……108
地獄に堕ちた勇者ども……154
地獄の黙示録……151,214,304
宍戸正……140
七月四日に生まれて……215,241
七人の侍……252
十戒……68
シックス・センス……313
シティ・オブ・エンジェル……272,367
シティ・ボーイズ……200,213
自転車泥棒……8
清水俊二
……20,22,24,35,39,80,98,212,224
清水有生……100
シャイアン……145
ジャイアンツ……9,135,137
シャイニング……189,210,296
ジャズ・シンガー……108
ジャッカル……282
ジャック……274
ジャック・サマースビー……254,255
ジャック・ディーガル……13
シュリ……338
白雪姫……262
シルクウッド……282
シンデレラ……262
進藤光太……230,232
スウィーニー・トッド……377
スーパーマン（シリーズ）……186,225,346
スーパーマン リターンズ……346
スカーレットレター　緋文字……41
杉山緑……160,366
スケアクロウ……158
鈴木吉昭……37
スター・ウォーズ……202,211,270
スタア誕生……123,144,184
スター誕生……123,184
スタンド・バイ・ミー……378
須藤祐実……321
スパルタカス……292
スペース　カウボーイ……71
スペース・ジャム……223,262
スペンサーの山……57
スポット……86
スリー・キングス……304
関根勤……199,223
関美冬……80
セブンソード……342
草原の輝き……143
壮烈第７騎兵隊……119,395
卒業白書……193
ゾディアック……365
ゾロ　シリーズ……367
ソロモンとシバの女王……36

ダーティハリー……155
ターミネーター（シリーズ）……201,220
タイ・カップ……44
第三の男……366
大地震……167
大脱走……147
タイタニック……201
大統領の陰謀……282
ダイハード2……274
田岡俊次……358
高瀬鎮夫……20,22.24.25.35,39,57,98,112,
133,138,141,156,158,160,166,
187,188,191,195,212,224
高田文夫……199
瀧ノ島ルナ……70,340
タクシードライバー……269
ダラス……119
ダラスの熱い日……119
ダラス・バイヤーズクラブ……269
タワーリング・インフェルノ
……27,159,167
ダンス・ウイズ・ウルブズ……146
父親たちの星条旗……85,338,347,378
ちびっこギャング……199
チャーリーズ・エンジェル……231
チャーリーとチョコレート工場
……340,365
チャールズ・ボイド……13,26
チャンピオン……119
沈黙……363
追跡者……256
津嘉山正種……240
ディア・ハンター……214
ディープ・インパクト……311
ディープ・ブルー……61
ディパーテッド……363,375
デーヴ……251,255
デイヴ・スペクター……255
ディス・イズ・マイ・ライフ……282
ティファニーで朝食を……146
ティム・バートンのコープスブライド
……341,377
手越祐也……364
デスノート……19
てらそままさき……364
天国はほんとうにある……56
天使にラブソングを… ……252
天と地……241
トゥー・ウィークス・ノーティス……365
逃亡者……256
冬馬由美……364
常盤祐貴……321
時計じかけのオレンジ……157,191,293,296
所ジョージ……200
戸田奈津子……20,24,35,41,42,80,98,124,
133,188,197,198,201,209,211,224,225,
257,263,288,318,321,331,335,356
突撃……292
富山敬……263
トロイ……332,335
ドン・ファン……109
ナイトメアー・ビフォア・クリスマス
……341
永井一郎……321
中村七之助……331
中村久世……335
ナショナル・ランプーンの
クリスマス・バケーション……213
南部圭之助……9,123
肉の蝋人形……121
尼僧物語……142
ネットワーク……150
眠れる森の美女……229
根本理恵……338
野島伸司……100
野田秀樹……219
野中重雄……188
博士の異常な愛情……292

ハクソーリッジ……188
バス停留所……149
バック・トゥ・ザ・フューチャー……268
パッション……188,313
バットマン（シリーズ）……225
ハッピー・フィート……364
パトリオット……36
バベットの晩餐会……374
ハムレット……188
林完治……44,299,347,377
原田眞人……158,211,219,223,331
ハリー・ポッター（シリーズ）……19,86,200,320
バルジ大作戦……147
春の悶え……8
犯罪王リコ……109
ビートたけし……200,219
ビートルジュース……200
樋口裕子……84,342
ピクニック……144,149
ビッグ・ウェンズデー……185
羊たちの沈黙……268
ピノキオ……262
兵藤ゆき……200
平田勝茂……329
平野誠……395
ファニー……144,149
フィールド・オブ・ドリームス……222
フェイス・オフ……274
フェノミナン……274
フィニアンの虹……151
フィラデルフィア……283
フォレスト・ガンプ / 一期一会……269,283
福永莞爾……205,240
藤澤睦実……340,365
双葉十三郎……9
舟田譲二……315
フラート……282
ブラザー・トム……364
プラトーン……214,241,304
フランティック……221
ブリット……151
プリティ・ウーマン……227
古田由紀子……38,228,231
フルメタル・ジャケット……158,191,199,210,219,223,291,296
ブレードランナー……191,298
ブレイブハート……188
ペイ・フォワード 可能の王国……141,305
ベオウルフ　呪われし勇者……375
ベニスに死す……154
ベルリン　天使の詩……275,367
ペンチャー・ワゴン……149
ベン・ハー……44
ボーイズ・ドント・クライ……70
ホーム・アローン……230
ポーラー・エクスプレス……335,342,375
僕の彼女を紹介します……338
慕情……216
ポセイドン……344
ポセイドン・アドベンチャー……167,344
菩提樹……367
ボディガード……250
ホミサイド　殺人捜査課……274
穂森宏之……395
ポリスアカデミー（シリーズ）……197,200,213,219,253
マーヴェリック……56
マーサの幸せレシピ……367
マーズ・アタック……270
マーティン・ゲアの帰還……254
マイケル……281
マイ・フェア・レディ……123,142,144,148,152,228
前川正……373
街角 / 桃色（ピンク）の店……281
マチルダ……274

松浦美奈……98,227,338
松岡佑子……321
マッドマックス（シリーズ）……187
マディソン郡の橋……257
マトリックス（シリーズ）
……187,192,298,343
真昼の決闘……137
三浦光世 / 綾子……373
見知らぬ乗客……119
ミスタア・パルバー……144
水野衛子……329,342
水野晴郎……12
魅せられて……224
未知との遭遇……270
ミッション・インポッシブル……68
南太平洋……144,149
ミリオンダラー・ベイビー……70,110,156
魅惑の巴里……123
民衆の敵……110
向田邦子……100
無防備都市……8
めぐり逢えたら……281
メリー・ポピンズ……145
メンフィス・ベル……45
燃えよドラゴン……27,85,158
モハメド・アリ……36
森公美子……230
モンタナの風に抱かれて……43
八巻修二……26
山口勝平……263
山田悦司……230
山田太一……100
山田洋次……100
ユー・ガット・メール……280
友情ある説得……118,137
雪村いずみ……126
夢のチョコレート工場……340
許されざる者……156,251
許されざる者（1960）……252
ヨーク軍曹……36,69,117,119
汚れた顔の天使……110
吉田紀子……101
四十二番街……110
ライオンキング……372
ライセンス・トゥ・ウェディング……68
ライトスタッフ……196,198,219
ラスト・サムライ……266,329
ラスト・シューティスト……156
ラブ・オブ・ザ・ゲーム……222
ラブソングができるまで……340,365
リーサル・ウェポン（シリーズ）
……188,215
リーピング……70
リオ・ブラボー……85,137,140
リチャード・フォックス……13,15,186,293
リトル・マーメイド……229
リトル・ミス・サンシャイン……367
理由なき犯行……9,134,143
猟奇的な彼女……338
旅愁……216
旅情……216
ルートヴィヒ……154
レインマン……158,222
恋愛小説家……282,313
恋愛適齢期……331
老人と海……36.137,140
ローマの休日……142
ロジャー・ラビット……195,223,262
ロボコップ（シリーズ）……220
ロリータ……292
ロング・エンゲージメント……338
ワイルドキャッツ……200
ワイルドバンチ……152
我が道を往く……253
私の中のあなた……368
渡瀬恒彦……56
渡辺謙……330
我れ暁に死す……110

小川政弘 プロフィル

生い立ち	1941年9月8日 岩手県釜石市生まれ。
家族	1970年3月29日、妻佳子《よしこ》と結婚。 子供はなく、2人暮らし。
趣味など	映画、読書、クラシック音楽、旅行。

学歴・資格

1969年12月	中央大学法学部通信教育課程3年中退。
1977年3月	聖契神学校卒。

職歴

1961年9月～2008年3月

ワーナー・ブラザース映画会社在職。総務部長を経て製作室長として定年退職(46年半在職)。在職中、約40年にわたって、2,000本を超える字幕・吹替版製作に従事。「ハリー・ポッター」「マトリックス」「リーサル・ウェポン」シリーズ、「JFK」「ラスト・サムライ」「硫黄島からの手紙」二部作等を監修。自身も「偉大な生涯の物語」「ソロモンとシバの女王」「イングリッシュ・ペイシェント」「老人と海」など、45本の作品を字幕翻訳。

1995年～　字幕翻訳者養成学校「映像テクノアカデミー」講師として字幕クラス、聖書・キリスト教、法律専科クラスで教える。

信仰歴など

1962年8月　キリスト教放送団体ＰＢＡ（太平洋放送協会）のラジオ伝道「憩いの窓」（尾山令仁牧師メッセージ）で入信。

《家族のクリスチャン》弟正明・圭子夫婦、長男正太郎・ゆり江夫婦、義弟登《たかし》・栄子夫婦（いずれもクリスチャンホーム）。母ハナ、妻の母シサミ、いずれもクリスチャンとして召天。

1962年11月18日

日本バプテスト教会連合東京中央バプテスト教会横山武牧師より受洗。

同教会教育主事、CS 中高科教師、財務担当役員（1997 年 4 月〜）

1975年11月〜　FEBC（半年間）から PBA/KTWR 短波放送（25 年間）、2001 年〜インターネットで放送伝道「この指とまれ」主宰（ディレクター）。

2010年8月〜　PCF（PBA 放送伝道同労者会）委員。「聖書で読み解く映画カフェ」ナビゲーター。

2014年 1 月〜　伝団協（伝道団体連絡協議会）加入。2015 年〜財務担当役員。

2015年1月〜2016年12月（2年間）

キリスト教月刊誌「百万人の福音」に「聖書メガネで映画を見れば」連載。

1999年12月〜　超教派聖書頒布団体「日本国際ギデオン協会」東京足立支部会員。

2016年9月〜　同上広報活動検討委員・翻訳チームリーダー

字幕に愛を込めて　―私の映画人生 半世紀―

2018年3月29日　初版発行

著　者　　小川政弘
発行者　　穂森宏之
発　行　　イーグレープ
〒277-0921 千葉県柏市大津ケ丘4-5-27-305
TEL:04-7170-1601　FAX:04-7170-1602
E-mail:p@e-grape.co.jp
ホームページ　http://www.e-grape.co.jp
乱丁・落丁本はお取り替えいたします

ISBN 978-4-909170-05-7 C0074